明治大学公開文化講座

シェイクスピアと日本

明治大学人文科学研究所編

風間書房

はしがき

佐藤義雄

明治大学人文科学研究所の二〇一四年度公開文化講座の講演録『シェイクスピアと日本』をお届けいたします。二〇一四年はシェイクスピア生誕四五〇年、世界各地で様々な催しものが行われましたが、文学部演劇学専攻をはじめとして、演劇研究、シェイクスピア研究の人材を多く抱える本研究所もその〈知的財産〉を生かし、明治大学としてのシェイクスピア研究の現在を広く世に問うべく、二〇一四年一〇月二五日に明治大学リバティホールにおいて講演会「シェイクスピアと日本」を実施致しました。

明治大学には学生による本格的なシェイクスピア劇上演の伝統があり、また、本研究所としては社会教育機関としてのリバティアカデミーとのはじめての共同開催によるレクチャーコンサート「シェイクスピアと音楽」という催しものも一〇月一七日にグローバルホールで行い、リュートやヴィオラ・ダ・ガンバという珍しい古楽器による、シェイクスピア劇中で演じられた音楽を多くの聴衆と楽しむ機会も作りました。二〇一四年秋の駿河台はまさしくシェイクスピア一色に染め上げられたという感がありました。

これらの催しものに対し、講演会は極めて学術的なものであり、はたしてどれくらいの聴衆を迎えられるか、心配もしておりましたが、一般の参加者はのべ一六〇名の多数にのぼり、あらためて本研究所の公開文化講座の水準の高さに、主催者側としても驚愕しております。

「シェイクスピアと日本」は第一部「近代日本とシェイクスピア」、第二部「現代日本におけるシェイクスピア」という二部構成で展開されました。明治以降のシェイクスピアの受容史を問う試みであり、その上で、現代日本においてシェイクスピアを演じることの意味を探る試みでした。

第一部のうち、「翻案と翻訳の間―明治日本の異文化受容―」において神山彰教授は、〈翻訳〉ではなく〈翻案〉が一般的であった明治初期のシェイクスピア受容の実態を簡潔に紹介した後、〈独白〉の問題に深く立ち入って、景色に託して心情を述べる〈景情一致〉の日本文学の伝統の中で、シェイクスピア劇において〈独白〉がどのように扱われてきたかを、具体例に基づいて明らかにしてくれています。

福田逸教授の講演「シェイクスピア・福田恆存・その翻訳」は、福田恆存にとって、シェイクスピアの翻訳が〈意味〉を伝えることではなく〈現代日本語の可能性〉を探るところに究極の目的があったこと、そこを起点・着地点にして福田恆存はシェイクスピアを「自在に翻案」あるいは「アレンジ」し、そのことによって福田訳が「シェイクスピア劇上演の歴史の転換点になった」ことを証しだしてくれています。

第二部のうち、「現代日本におけるシェイクスピア上演―蜷川幸雄、あるいは日本人がシェイクスピアを上演するということ―」において、野田学教授は日本人である蜷川が翻訳劇を上演する際の「恥ずかしさ」に発端を置いて、「趣味のよい知的な西洋演劇に対するアンチ・テーゼ」、あるいは「ヨーロッパの前衛に対するアジア的な対抗意識」として蜷川がシェイクスピアを演出していった経緯を、彼の民衆意識との関連で解き明かしてくれました。「私のシェイクスピア料理法」は、劇作家・演出家である青木豪文学部兼任講師から、井上優准教授が、その〈シェイクスピア料理法〉を聞き出しています。その言及は多岐にわたっていますが、福田恆存、蜷川幸雄と同じく、青木豪氏の関心も、シェイクスピア劇をいかに日本人の物語として〈料理〉できるかという点が中心になっているように思います。

古い伝統を持つ日本文化が西洋の異文化と触れたときどのような化学反応が生じるかという問題は、日本の近代化を考える際の中核となることは言うまでもありません。各講演者は「シェイクスピアと日本」に留まらぬさらに普遍的な問題群を提起してくれていると、私として感じております。

資料をそろえてよく整理されたお話をしていただいた講演者の先生方に、あらためて感謝申し上げます。今回の公開講座の企画運営を担ってくださった井上優准教授、合田正人教授はじめ、運営委員の諸先生、各部局との交渉を着実に進めていただいた事務局の梅林千香子さん、斬新なポスターを作ってくださった内村和至教授、そして三〇回あまりに渉ってこの叢書の出版をお引き受けいただいている風間書房に、心より御礼を申し上げます。

二〇一五年一月

（明治大学人文科学研究所長）

＊本文中にある、人文科学研究所主催、「シェイクスピアと音楽」は以下のサイトで全編ご覧になれます。
http://ex-server.muc.meiji.jp/Mediasite/Play/2c48b10c6a124d6581843cc84001a2011d

MEIJI UNIVERSITY
第2回　明治大学シェイクスピア生誕450年記念祭
第39回　明治大学人文科学研究所公開文化講座
シェイクスピアと日本
受講料 無料 (申込不要)
【開場 12:30】
2014年10月25日［土］ 13:00〜17:00
明治大学駿河台キャンパス　リバティタワー1階　リバティホール
第一部 近代日本とシェイクスピア
「翻案と翻訳の間 ― 明治日本の異文化受容」
神山　彰（明治大学文学部教授）
「シェイクスピア・福田恆存・その翻訳」
福田　逸（明治大学商学部教授／演出家・翻訳家）
第二部 現代日本におけるシェイクスピア
「現代日本におけるシェイクスピア上演
―蜷川幸雄、あるいは日本人がシェイクスピアを上演するということ」
野田　学（明治大学文学部教授）
「私のシェイクスピア料理法」
青木　豪（劇作家・演出家／明治大学文学部兼任講師）
お問い合わせ 明治大学人文科学研究所　TEL:03-3296-4135　http://www.meiji.ac.jp/jinbun/

第2回　明治大学シェイクスピア生誕450年記念祭
第39回　明治大学人文科学研究所公開文化講座

シェイクスピアと日本

日本は現在、シェイクスピア上演大国と言えます。1年のほとんどの時期、シェイクスピアの上演を眼にすることができるのです。しかし、この活況も一朝一夕で発生したわけではありません。明治以降の近代化の中で、さまざまな試行錯誤の末成立したものなのです。そこにはさまざまな問題が立ちはだかりました。いかにして言語の壁を越えるのか。いかにしてそれにふさわしい演技を確立するのか。近代以前の劇作家の世界をいかにして近代以後の時代に適合させるのか。そして、いかにして観客を喜ばせる公演を成立させるのか―。こうした多くの壁を乗り越える過程は、それ自体が興味深いものであり、それ自体多くの思索の源となることでしょう。シェイクスピアを、英語の世界、英文学、英国舞台の文脈から解き放って、土壌も風土もまったく異なる「日本と言う異国の土地」に移植する行為、そのスリルを、このシンポジウムの中で考察していきたいと思います。（企画者：明治大学文学部准教授　井上 優）

第一部　近代日本とシェイクスピア

「翻案と翻訳の間―明治日本の異文化受容」

神山　彰（明治大学文学部教授）

明治期の異文化受容は翻案に始まります。それは理解不足ではなく、通念が違っていただけなのです。そこでは「内面」は問題になりません。有名なハムレットの独白が、なぜカットされ続け、いかにして可能になったか―その過程を中心に考えてみます。

「シェイクスピア・福田恆存・その翻訳」

福田　逸（明治大学商学部教授／演出家・翻訳家）

明治以来のシェイクスピア劇移入の過程において、福田恆存の翻訳・演出が日本の演劇界にもたらした意味と意義を振り返ると共に、恆存がシェイクスピアのみならず、種々の翻訳にいかなる態度で臨んだのか考察します。

第二部　現代日本におけるシェイクスピア

「現代日本におけるシェイクスピア上演―蜷川幸雄、あるいは日本人がシェイクスピアを上演するということ」

野田　学（明治大学文学部教授）

日本におけるシェイクスピア上演は、常に日本人と西洋文化との様々な関係のあり方を示してきました。本講演では、特に蜷川幸雄のシェイクスピア演出に着目して、日本人がシェイクスピアという西洋の「古典」を上演する際に生じる間文化意識について考えます。

「私のシェイクスピア料理法」

青木　豪（劇作家・演出家／明治大学文学部兼任講師）

これまで私は、二本のシェイクスピア作品を演出し、三本の翻案作品を書き下ろし、一本の上演台本を作成しました。その時々に感じたこと、日本語で日本でシェイクスピアを上演することについてなどをお話させて頂きます。

受講料・申し込みについて

● 受講料：無 料
● 申　込：不 要（当日、直接会場へお越しください。）

交通のご案内

■JR中央線・総武線、東京メトロ丸ノ内線／御茶ノ水駅　下車徒歩3分
■東京メトロ千代田線／新御茶ノ水駅　下車徒歩5分
■都営地下鉄三田線・新宿線、東京メトロ半蔵門線／神保町駅　下車徒歩5分

明治大学
公開文化講座

シェイクスピアと日本

シェイクスピアと日本　目次

はじめに――シェイクスピアかくして日本に上陸せり……1
講師：井上優（明治大学文学部准教授）

第一部　近代日本とシェイクスピア
翻案と翻訳の間――明治日本の異文化受容――……25
講師：神山彰（明治大学文学部教授）
シェイクスピア・福田恆存・その翻訳……51
講師：福田逸（明治大学商学部教授／演出家・翻訳家）

第二部　現代日本におけるシェイクスピア
現代日本におけるシェイクスピア上演
――蜷川幸雄、あるいは日本人がシェイクスピアを上演するということ――……89

講師：野田　学（明治大学文学部教授）

私のシェイクスピア料理法……115
講師：青木　豪（劇作家・演出家／明治大学文学部兼任講師）
（聞き手）井上　優（明治大学文学部准教授）

装幀　田淵裕一

講演者紹介

井上　優　明治大学文学部准教授

略　歴　一九六七年、神奈川県生まれ。早稲田大学第一文学部卒業、明治大学大学院文学研究科博士後期課程単位取得退学。専門分野は演劇学、西洋演劇史。特にシェイクスピアを中心とする近代の演劇の表現モードの変遷を研究。明治大学のシェイクスピア上演（明治大学シェイクスピアプロジェクト）をコーディネイターとして統括・指導。

主要著作　ラッセル・ジャクソン編『シェイクスピア映画論』（共訳・開文社出版・二〇〇四年）、毛利三彌編『演劇論の変貌』（共訳・論創社・二〇〇七年）、『演劇の課題』（共著・三恵社・二〇一一年）。論文に「『ハムレット』の不可能性―メイエルホリドとタルコフスキーの実現しなかった『ハムレット』をめぐって―」（明治大学文芸研究・二〇一〇年）

「映画の中の日本橋（5）――一心太助は朝日を背に日本橋を渡る――『家光と彦左と一心太助』（一九六一）の背景にあるもの」（日本橋学研究・二〇一二年）他。

神山　彰　明治大学文学部教授

略　歴　一九五〇年、東京都生まれ。一九七八年より九六年まで、国立劇場芸能部で歌舞伎・新派の制作に従事。近代日本演劇を、歌舞伎や新劇だけでなく、商業演劇まで含めた広範な領域で、隣接領域も視野に入れて多面的に考察する。

主要著作　『近代演劇の来歴』（森話社・二〇〇六年）、『近代演劇の水脈』（同・二〇〇九年）。編著『忘れられた演劇』『商業演劇の光芒』（同・二〇一四年）。共編著『河竹黙阿弥集』（岩波書店・二〇〇一年）、『映画のなかの古典芸能』（森話社・二〇一一年）他。

福田　逸　明治大学商学部教授

略　歴　一九四八年、神奈川県生まれ。翻訳家、演出家。二〇一三年一一月まで（財）現代演劇協会理事長を長年務め、二〇〇七年以前は劇団「昴」、三百人劇場の主催者、責任者として二〇年余りにわたって劇団劇場経営から芸術監督も兼務。シェイクスピアから新作歌舞伎まで幅広い作品の演出を手掛ける。

主な仕事　演出では『ジュリアス・シーザー』『ハムレット』『マクベス』『リチャード三世』『十二夜』等のシェイクスピアの代表的な作品群から、近現代ではチェーホフ、ノエル・カワード、アソル・フガードの作品等を翻訳も兼ねて演出。歌舞伎では幸四郎主演の『西郷隆盛』、故團十郎主演の『武田信玄』等多数。商業演劇では坂東玉三郎と共同演出の『黒蜥蜴』ほか。翻訳多数。

野田　学　明治大学文学部教授

略　歴　一九六三年、東京都生まれ。英文学、演劇批評。専攻はシェイクスピアを中心とする英米文学・英国演劇、経験論を中心とする言語哲学、言語身体論。演劇評論家として『シアターアーツ』誌ならびに国際演劇評論家協会のウェブジャーナル *Critical Stages*（http://www.criticalstages.org/）の編集部員を務め、両誌や『悲劇喜劇』などに寄稿を続けている。

主要著作　日本語による著作に『シェイクスピアへの架け橋』（高田康成・河合祥一郎・野田学［編］、東京大学出版会、一九九八年）などがある。

青木　豪　劇作家・演出家

略　歴　一九六七年、神奈川県生まれ。明治大学文学部文学科演劇学専攻卒業。一九九七年に「アフタースクール」で劇団グリングを旗揚げ、二〇〇九年に活動休止、二〇一四年に解散。現在はプロデュース公演や他劇団へ、またテレビ・ラジオの脚本を手がける等、バラエティに富んだ作品を提供している。

主要作品　「東風」（二〇〇五年。鶴屋南北戯曲賞ノミネート）、「エスペラント～教師たちの修学旅行の夜～」（二〇〇六年。鶴屋南北戯曲賞ノミネート）、「ガラスの仮面」（二〇一〇年）、「鉈切り丸」（二〇一三年）、「9days Queen～九日間の女王～」（二〇一四年）以上、脚本。「往転-オウテン」（二〇一一年。第六六回文化庁芸術祭新人賞受賞）演出。二〇一二年九月から二〇一三年七月まで、文化庁新進芸術家派遣制度によりイギリス、ロンドンに留学。

はじめに
——シェイクスピアかくして日本に上陸せり

井上　優

1

今年（二〇一四年）の夏にイギリスのウォリック大学というところで、国際演劇学会があり、いくつかのセッションに参加させてもらいました。

今年がシェイクスピア生誕四五〇周年ということと、開催地がイギリスということと、両方あったかと思うのですが、やはりシェイクスピアに関しての研究発表がかなりありまして、そのいくつかを聞かせてもらって、気づいたことがあります。

演劇の学会というと、ちょっとピンとこない人も多いと思うのですが、演劇の研究の方法や研究のアプローチの仕方についての議論ももちろんありますが、大半を占めるのが、具体的な上演の分析の報告です。ある上演が、ある社会において、あるいは、あるコミュニティにおいて、どのような意味を持ちうるのか、とか、そういうことを報告し、議論していくことになるのです。

さて、話を戻しますが、既に言いましたように、この国際演劇学会で議論の対象となっていた作品として、シェイクスピアが非常に多かったということでしたが、この時代においてシェイクスピア上演が未だに議論の対象になっているということ、それが新鮮な驚きであったわけです。現代、演劇上演は多様化しそもそもテクストを重視しないような上演が多く見られ（最近はポストドラマ演劇という言い方で通じるようになりました）、だいたい研究者というのは、新しい物に食いつく傾向にありますから、そういう前衛的な試みも含めての演劇研究となると、シェイクスピアのような古典はお呼びでなくなる。そう思い込んでいただけに（実際ある程度は今回もその傾向はあったのですが）、ここまでシェイクスピアが論じられているというのは、いささか意外な感じがしたのです（シェイクスピア専門の分科会があったほどでした）。まあ、これも既に言いましたように、イギリスでの大会、シェイクスピア生誕四五〇周年の記念の年の大会ということで、当たり前といえば、当たり前だったのかもしれないのですが。

ただ、ここで議論の対象となっていた作品の多くは、厳密な意味ではシェイクスピアではありませんでした。はぐらかすような言い方になってしまいましたが、要は、ここで対象とされていたのは、ほとんどがシェイクスピアそのままの上演ではなく、ある種の改作がほどこされたものばかりだったのです。つまり、今回の連続講演会の文脈で言うなら、「翻案」ばかりだったのですね。

例えば、イスラムの国家における社会告発の手段としての『ハムレット』。これはオフィーリアに焦点を当てた、一種のモノローグになっていました。あるいは、他のセッションで取り上げられたものには、パロディーとか、脚色とか、それぞれの上演の文脈——国家的な文脈もあれば、上演の場の意義が文脈となっている場合もありました——の中にシェイクスピアをいかに適合させていくかということを議論したものが多かったのです。つまり、シェイクスピアを、通常私達がイメージするものとはまったく異なる形で変容させたものが多く対象とされていた。そして、そこで聞いたかぎり、それらの上演は、シェイクスピアをそのままやることよりも、シェイクスピアをある目的のために利用することに意義を見出していたようでした。

さて、その国際学会の会場となったウォリック大学というのは、シェイクスピアの生誕の地ストラトフォード・アポン・エイヴォンの大変近くにあります。ですから、今回も学会のついでに、かの地のロイアル・シェイクスピア劇場に寄って、そこで、本場のシェイクスピアの上演も見てきました。ここで見ることができたのは、春からずっと上演されている『ヘンリー四世』第一部で（スケジュールの都合で第二部は見ることはできませんでした）、これは、昨年明治大学でも学生たちのシェイクスピアプロジェクトが上演した作品でもあります。今回の上演は、グレゴリー・ドーランという、日本でも知られている、たいへん有能な演出家による、極めて正統的な上演でした。言ってみれば、これは、従来の私たちのイメージするとおりのシェイクスピアの世界を見せてくれた上演でした。そして、これが、非常によくできていて、感動的な仕上がりになっていたのですね。そして、実際、たいへん多くの観客を集めていました。

さらに、ロンドンに移動してから（シェイクスピア時代の劇場を再建した）グローブ座で、『ジュリアス・シーザー』も見ましたが、これもまた極めて正統的な舞台でした。

この劇場も、ストラトフォードのロイアル・シェイクスピア劇場も、言ってみれば、一級の観光地ですから、かなりの割合で観光客が多いので、当然、これらの劇場に来れば正統なシェイクスピアが見られるという期待がある。そして、今回私が見た上演は、どれも、その期待にきちんと答えていました。もちろん常にそう上手く行くものでもないというのも事実で、これらの劇場でも面白くない公演もありますし、観客にそっぽを向かれるような試みもあったりもするのですが、今回に関しては、ハズレはありませんでした。

観光客に対しても、演劇愛好家に対しても、ある一定レベルをクリアした上演を上演するというのは、簡単なようで、非常に難しいことです。ただテクストを素直になぞれば良いというものではないからです。そして、これは、非常に大事なことなのだと思います。我々の歌舞伎が求められているように、ここに来れば正統的なシェイクスピアが見られる、という期待が常にあるわけです。それにこたえる義務をこなしているのです。ただしそれは、正統的であることを求められると同時に、現代の肥えた観客の目を満足させるという意味で、挑戦的でなければならない。そういう意味での「伝統の保持」という、大変難しい作業を、こなしているのです。

ただそれらの上演に満足しながら、一方で、いささか不思議な感覚を覚えました。学会の中で、世界各国の、それぞれのお国事情の中で姿を変えていくシェイクスピアの話を聞いた後だったわけですから。それらは、あたかも、もはやシェイクスピアをそのままやるなんて意味がないというような主張をしているような感覚を抱かせる発表でした。現実の問題として、シェイクスピアを変える必要がある／変えることが求められる、地域・時代が、かつてあったし、今もあるということを語っている。シェイクスピアをそのまま上演することよりも、改作・翻案というフィルターをかけることの方が重要である、ということなのです。

一方で、イギリスの舞台では、シェイクスピアがシェイクスピアのまま上演されている。イギリスは、シェイクスピアをこんな呑気に上演していて、良いのだろうか。そんな不届きな感覚すら抱いてしまったわけです。そもそも、この時代において、正統なシェイクスピアとは何なのだろうか。そんなことを考えました。

イギリスで見たものが正統だとしたら、学会で紹介されていた事例は邪道ということになる。しかし、それを邪道と片づけるには、あまりに現実に根差しすぎている事例だし、むしろ社会における演劇の役割をきちんとこなしているという意味では、そのままのシェイクスピアをやることよりも意義があるのではないか。しかし、これらがシェイクスピアそのままではないという、如何ともしがたい事実をどう受け止めるのか。

ただ、そうした「正統性」は、実は、二〇世紀を通じて、常に議論されてきたことでした。そもそも現在のイギリスでの上演が正統か、ということに関してすらも、議論が分かれるところかもしれないのです。

というより、シェイクスピアにおける正統性というのは、この現代にあって、かつてないほど混迷を極めているというのが現状なのです。

2

かつて、英文学者の喜志哲雄さんは、こんな謎かけで、現代のシェイクスピア上演に対する批判を始めたことがあります。

その頃のイギリスでは、シェイクスピア劇の上演は事実上二つの劇団によって独占されていた。シェイクスピアを観ようと思う人は、どちらかの劇団の公演に足を運ばねばならなかった。どちらの劇団も、シェイクスピアのテクストをそのまま演じることはむしろ稀であった。シェイクスピアの戯曲は、その時代の観客の趣味に合致するように《現代化》して演じられるのが、普通のことであった。――さて、ここで「その頃」とはいつのことか、といった試験問題を出したとしたら、学生は何と答えるだろうか。（「ロイアル・シェイクスピア劇団は何をしたのか」、『劇場のシェイクスピア』一九九一年、一七二頁）

ちなみに、答えは「王政復古期」。一七世紀末のこと。この頃のシェイクスピア上演というのは、脚色され、加筆され、結末が改ざんされて上演されていたのです。一九世紀くらいまでは、多かれ少なかれこういう、フィルターをかけた上での上演が通例でした。本国イギリスにおいても、です。だから、二〇世紀のシェイクスピアは、ある意味では、原文死守という、「国土回復」をようやく成し遂げたということになるわけです。

ただ、喜志さんは、この後、以下のように続けるのですね。

こういうわけで、「その頃」は、王政復古期以後しばらくのことなのだが、私が出題者だったら、「現代」――もっと厳密に言うなら「一九六〇年代以後の現代」と答えた学生にも、少しは点を与えたい。

どういうことでしょうか。

要は、（ロイアル・シェイクスピア劇団とナショナル・シアターという準国立劇場である）二つの劇団の仕事を始めとする現代のシェイクスピア上演が、《現代性》を重視しがちであるという意味で、徹底的に脚色を施していた王政復古期によく似ている、ということなのです。

つまり、現代のシェイクスピアも、決して、シェイクスピアをそのまま上演しているわけではなく、恣意的な《現代的解釈》に晒されて、シェイクスピアの姿をとどめていないというのですね。それが「ここ二、三十年の世界的流行」と喜志さんは言いますが、この論文が書かれたのが、一九八六年、今から三十年近い前だったので、ざっくり言って、現在から見ると、この半世紀ほどの流行、と言い換えてもいいのかもしれません。ジョン・バートンという演出家の言葉を借りて、この傾向を、以下のように説明します。

そのやり方には大別して二つある。ひとつは、例えばハムレットは同性愛者であるというような、戯曲を素直に読んだのでは思いつかない解釈によってすべてを説明するやり方だ。もう一つは、『ハムレット』の世界をナチ支配下のドイツに設定するというふうに作品を観客にとってなじみのある時代や場所に移し、そうすることによって何もかもわかったような気になるやり方である。（一八五頁）

実は、この手の傾向は、この論文が書かれて以降の三〇年を見渡しても、決して収まってはおらず、その意味では、ここでの指摘はいまだに有効と言えます。原文回帰という意味においては、シェイクスピアは復元されたと言えますが、国土回復を成し遂げた途端に、新たな国土侵食を、シェイクスピアは被ることになっているわけですね。

個人的には、私は、喜志さんがジョン・バートンの言葉を借りて批判している、現代的な読み込みは、やりすぎのものはともかく、決してきらいではありません。ただ、やりすぎは、目も当てられないというのは、実感です。

いずれにしても、本国イギリスの上演にですら、現在、演出家の解釈による「改作」にさらされているというのなら、ここでも、「正統」は、相当揺らいでいるといえそうです。そして、正統性に関しては、二〇世紀は、さらなる揺さぶりが仕掛けられることになります。

3

その揺さぶりのひとつは、映画におけるシェイクスピアの隆盛。

映画を入り口としてシェイクスピアと出会ったという人は――私もその一人ですが――若い世代では、圧倒的な数に上るのではないかと思います。しかし、この映画のシェイクスピアですら、当初は歓迎されていませんでした。

なぜでしょうか。

映画は、シェイクスピアのテクストを、十分に使っていないからです。

「いや、私の見た『ロミオとジュリエット』は、シェイクスピアの原作と変わりがなかったぞ」と思われる方、いるかもしれません。

ただ、その『ロミオとジュリエット』が、フランコ・ゼッフィレッリ監督が一九六七年に撮ったものだとしたのなら、それは、残念ながら、シェイクスピアのテクストを三〇%程度しか使っていません。

これが批判の対象となるわけです。たいていの映画作品は、たとえ舞台と同じくらいの上映時間であったとしても、シェイクスピアのテクストを大幅にカットしないと成立しないのです。というのは、映画は視覚的イメージの積み重ねで物語を進めていくものであり、その際、言語によってイメージを構築していくようなシェイクスピアのテクストは（何しろ舞台装置が何もない野外の公演を前提に書かれているのですから）、どうしても説明過多となり、邪魔になってしまうのです。となると、省略はどうしても避けられない。通常の舞台でもある程度の省略はなされますが、映画の場合、その割合が非常に高くなります。

シェイクスピアを三〇％しか使ってないのに、シェイクスピア作品と言えるのか。これは、かなり深刻な議論となったようです。（そのあたりのことは、私も訳者に名を連ねている『シェイクスピア映画論』（ラッセル・ジャクソン編、開文社出版、二〇〇四年）に詳しく触れられています。）

この映画という新メディアによるシェイクスピアの侵食は、かなりの長い期間、批判されてきました。しかし、最終的には、シェイクスピア映画研究も、今やシェイクスピア研究の一つのアプローチとして受け入れられた感があります。私の実感としては、その土台は、シェイクスピア研究の国際紀要 *Shakespeare Survey* が、シェイクスピア映画特集を組んだあたりに固まってきたのかなと思います。

といっても、これは、一九八七年の刊行ですから、つい最近のことです。しかし、今言ったような事情ですから、これは、当時の文脈では、画期的なことだったのではないかと思います。しかし、この時期に、どういうことが起こったのでしょうか。

八〇年代は大きな転換期だったのかもしれません。さきほどの、映画『ロミオとジュリエット』は、一九六〇年代の作品ですが、これは、世界的にヒットしました。これを見て育った世代が活躍し始めるのが八〇年代だったからではないかと、私は個人的に思っています。私も映画が入り口となってシェイクスピアを知った一人だと先ほど述べましたが、それは、やはり、この『ロミオとジュリエット』でした。

実際、この映画には、まず何より、批判を黙らせる力がありました。主役二人の若さにあふれる演技、スピーディーな展開、画面の美しさ。当時の若者を虜にするだけの条件がそろっていました。このように映画を入り口としてシェイクスピアに親しむようになった人たちは、これまで本や劇場を通して親しむようになった人たちの数と比べても圧倒的に多数でした。この圧倒的な求心力は、もはや否定しようがありませんでした。そして、この『ロミオとジュリエット』にしても、他の作品にしても、実際映画としても優れていました。ですから、映画学・映像学とシェイクスピア学の、双方からの、今までにないアプローチが可能となりました。また、八〇年代は、ＢＢＣのテレビシリーズのシェイクスピア全集も完結し、ビデオも普及した時期でしたから、教育効果としてのシェイクスピア映画への関心が高まりました。そして、八〇年代後半というのは、ケネス・ブラナー監督・主演の『ヘンリー五世』のヒットを皮切りに、シェイクスピア映画の第二のブームが到来します。

こうした流れが、合わさって、結果的に映画のシェイクスピアの評価が確固としたものとなっていくわけです。

そうした「映画のシェイクスピア」の評価の中で、実は、もう一つの正統性に関しての論点とも結びついてくる事象が浮かび上がってきます。

想像がついた方もいると思います。そう、日本人黒澤明監督による『蜘蛛巣城』（一九五七）です。この作品は、日本では黒澤作品としてはあまり知られていませんが、海外での知名度は抜群です。というのは、これはシェイクスピアの『マクベス』を原作としているからです。

この作品は優れていました。白黒映画ながら、黒澤独自の美意識に貫かれた映像美、能を思わせる独特の様式的な演技。そして何より、映画として面白かった。

しかし、この作品をどう評価すればいいのか。確かにシェイクスピア原作です。しかし、これは日本語です。しかも、三〇%どころか、まったくシェイクスピアのせりふは使っていない。翻訳ではなく、完全な翻案です。

これに対して、シェイクスピア学はどう反応したか。私の印象では、全面降伏に近かったのではないかと思います。無視した人もいたでしょうから、実際のところはわかりませんが、この作品を優れたシェイクスピア作品として認めることについて、特に議論があったようには、私には見えませんでした。例外的黙認、と言えるのかもしれませんが、それにしても、黒澤の存在もこの映画の迫力も、「例外」で済ますには大きすぎました。黒澤明は、シェイクスピア映画を二本も撮った巨匠（もう一本は一九八五年の『乱』で、これは『リア王』を原作としています）という扱いが、現在では定着しています。

4

ここに、もう一つ、正統性に関しての疑問が浮上してきます。前節で軽く触れましたが、黒澤映画は、日本語で作られていて、英語ではない、という点です。

言うまでもなく、シェイクスピア作品と言うのは英語の豊かさの象徴です。その英語の豊かさは――しばしば優れた詩に関して言われるように――他の言語に移し変えた時には失われてしまうというように、ずっと考えられてきました。だから、英語がわからないなら、シェイクスピアはわからないだろうと、普通に言われてきました。また、それはある程度事実でもあります。

ただ、それも、やはり、事情が変わってきました。黒澤作品が評価されたように、英語ではない上演も、シェイクスピア作品として評価すべきだし、その基準を持つべきではないかというように。――いや、実は、その前に、シェイクスピアは本で読んでこそその美しさが堪能できるのであって、舞台上演はシェイクスピアを台無しにしている、と言う考え方が実際十九世紀にはあって（そもそも舞台用に書かれた作品であるのに）、ですから、舞台のシェイクスピアを評価する、と言う考え方も、つい最近のものであるのですが。

しかし、やはり、例えば、蜷川幸雄さんが一九八〇年代にイギリスに乗り出して、彼のシェイクスピアを上演しますが（これも『マクベス』で、『NINAGAWAマクベス』と題され、またもや日本の戦国時代に設定を移し替えていました。ただし、これは日本語ではありますが翻訳上演です）、圧倒的に歓迎されている。おそらく、この上演の美しさは、イギリスの観客も目にしたことがないようなものだったのではないかと推測されます。その実践を目にしたとき、もはや、それが英語であるかどうかは、問題ではなくなってしまったようなのです。

（ちなみに、蜷川幸雄は二〇〇九年に出た、*The Routledge Companion to Directors' Shakespeare* という、シェイクスピアの演出家たちについて論じた論文集においても一章を割いて論じられています。論者はすぐ後に触れる河合祥一郎さんです。）

改めて、冒頭で言及した演劇の国際学会の議論に話を戻しましょうか。すでに述べたように、そこではシェイクスピアそのものではなく、それを当地の事情に合わせて、脚色・翻案したものが多く取り扱われていました。ただ、それは、「演劇」の学会だったから、シェイクスピアの「変化球」ばかりが議論の対象になっていただけなのではないか、という疑問を持たれた方もあるかもしれません。例えば、英文学の学会とかシェイクスピア研究の学会とかだったら多少は様子が違ったのではないか。もっと、王道のシェイクスピア本体の議論が展開されたのではないか。しかし、実はそうでもなさそうです。

以下、今年の八月一四日付の朝日新聞の河合祥一郎さん（東京大学教授）の記事を引用します。今年の夏に開かれた国際シェイクスピア学会の報告です。結論から言うと、シェイクスピア学においても、地域的な現象を正統に扱うべきだという議論はかなり定着しているようです。（ちなみに、通常は「シェイクスピア」、と表記されますが、何故か新聞の「公用語」としては「シェークスピア」の呼称が、いまだに使われています。）

ここで河合さんは、以下のように述べます。「シェークスピアは、もはや英国だけのものでも、昔のものでもない。たとえば日本語で上演されるシェークスピア劇も私たちのシェークスピアとして視野に収めていくべきだとするのが今日的なスタンスなのである」と。

具体的にその本文を追ってみましょう。

シェークスピア生誕四五〇年の今年、八月三～八日にシェークスピアの生誕地ストラットフォード・アポン・エイヴォンで開催された国際シェークスピア学会のテーマは「シェークスピア、起源（オリジン）とオリジナリティ」だ。「起源」と言っても私たちの文化とほど遠いエリザベス朝文化に属するシェークスピアの起源だけが取り上げられるのではない。世界的な現象としての私たちの「シェークスピア」の起源が求められるのである。

つまり、シェイクスピアは世界各地に散らばっているのであって、それぞれの地域における起源があるはずなのだ、ということなのでしょう。ここに、ある種の「シェイクスピアグローバリズム」を認めることができるのかもしれません。シェイクスピアは、もはやイギリスだけのものではなく、英語だけで語られるものではないわけです。

もちろん、「学会のセミナーのなかには「翻訳で失われるもの、得られるもの」をトピックとするものもあった」と言いますから、文化の壁を超える際に生じる問題も、議論されたのでしょう。この点に関しては、新聞の字数が限られたスペースの中ですから、詳細のレポートは省かれています。

そして、締めくくりに近いところで河合さんは、「重要なのは、今の私たちにとって「シェークスピア」がどんな意義をもっているかということなのである」と述べます。そして、その信念のもと、シェイクスピアが世界各地で根を下ろしているのです。場合によると、それは、必ずしも、翻訳上演ではないかもしれません。しかし、たとえ翻案という形であったとしても、それは、その地域の要請なのだとしたら、もはや単なる優劣の問題では語れません。（その辺りのことは最初の講演で、神山彰先生が明らかにしてくれます。）

こうした例を見ると、シェイクスピアのグローバル化は、矛盾する言い方になりますが、よりローカルな現象の中にしかないとすら言えそうです。（さきほど、「ある種の」グローバル化、という言い方をしたのは、そういうことです。）グローバル展開というと、例えば、ハリウッド映画とかマクドナルドとか、世界のどこでも同じ品質のものが均一的に届けられ、楽しまれるものというような印象がありますが、決してそうはいかない。むしろローカルな戦略が重要になるのです。シェイクスピアはその最たるものでしょう。かつて、シェイクスピアが好き勝手に改作されていた時代がイギリスにもあったことは既に触れましたが、それらも含めて、シェイクスピアは常に何らかの形で、かなり徹底的にローカル化されてきました。そして、それがシェイクスピアのグローバル展開なのです。

ただ、一方で、私は、イギリスで目にした、極めて正統な（それでいて現代の観客に十分アピールできる）シェイクスピアの上演にも魅力を感じます。そしておそらく、こういう柱が存在することが重要なのです。中心が見失われ、ひたすら脱構築・脱中心の思考・実践が跋扈することになったならば、おそらく、それらの実践がシェイクスピアを名乗る必要はなくなってしまうからです。中心が中心として存在するから脱構築が可能となることは言うまでもありません。

だからこそ、様々な局地的な曲折があっても、何しろ私たちはシェイクスピアを見失わないできたのです。「あれはシェイクスピアとは違う」とか、「これこそシェイクスピアだ」ということを、真剣に語ってきたことがその証拠でしょう。

シェイクスピアは常にそこにいたし、そこにいる。ただ、百年前の人が見ていたシェイクスピアは、今私達が観ているシェイクスピアとは違ったはずでしょう。今日本で私達が目にしているシェイクスピアは、中東の何処かの国で演じられているシェイクスピアとは異なるものでしょう。それでも、それはシェイクスピアなのです。受け入れられない人がいるとか、批判する人もいるでしょう。ただ、それは、すくなくとも事実ではあるのです。

さて、それにしても、こうしてみると実態はあまりに千変万化ということになります。こうした様々な実践を判断する基準を設けたくなってしまうところです。しかし、そういうことがはたして可能なのか。

例えば、そのローカル化されたシェイクスピアは、その地域の文化を語っているか否か。ここでの文脈なら、それが一番ふさわしい判断基準になるかもしれません。しかし、そもそも、それがその地域の文化を語っているかどうかをどう判断すればいいのでしょうか。きわめて恣意的で、偏った判断基準しか出てこないように思われます。

となると、これを言ってはおしまいだろうという気もしますが、基準はひとつしかないかもしれません。そのシェイクスピアが面白いかどうか。

実際、過去の先人たちは、その一点のみを武器に、シェイクスピアの領土を拡大できたのです。いくらテクストの三〇%しか使ってなくても、英語でもなくシェイクスピアのせりふを全く使ってなくても、面白かったから、受け入れられた。そして、それがシェイクスピアと判断されるようになったわけです。その現象そのものが、多くを語っているように思えてなりません。

シェイクスピアは、それ自体面白い。そこに異論はありません。さらに、シェイクスピアは、グローバルな時代にあって、あえてローカルな局地戦を展開するための有力なソース（源）ともなり得る。そこにも意義を認めたいと思うのです。

5

さて、何となく、今回の連続講演、「シェイクスピアと日本」の方向性が確認できたと思います。近代以降、日本がいかにして、シェイクスピアという異文化を受容したのか。いかにして、シェイクスピアが日本化されたのか。そこをたどりたいのです。

その道筋を確認していくことは、今現在のシェイクスピアを楽しむ上でも、非常に有意義ではないかと考えます。

以下、今日の講師の方に論じていただくのは、明治期のシェイクスピア移入、日本で最初のシェイクスピアブームを作ったともいえる福田恆存の功績、そして、今や日本のシェイクスピアの代名詞とも言うべき蜷川幸雄の功績です。また、最後に、現在進行形の演出家・劇作家としてシェイクスピアに取り組んでいらっしゃる青木豪さんの話を伺います。一日で、日本のシェイクスピアの移入史の全貌を明らかにしようという、大胆な試みです。といっても、もれている部分はたくさんあります。今回の講演で、皆さんの好奇心が高まり、今回扱いきれなかった部分も自分で調べてみよう、なんて感じで関心を広めていただければ、企画者として、これ以上の幸せはありません。

第一部　近代日本とシェイクスピア

翻案と翻訳の間
——明治日本の異文化受容——

神山　彰

いま紹介していただきました神山でございます。
シェイクスピアは、いま有名すぎるぐらい有名で、毎月のようにどこかで上演されているような状況ですけれども、どれほど斬新なシェイクスピア像、前衛的なシェイクスピア像にしましても、無意識のうちに前提にしているものがあります。それは何かというと、シェイクスピアはみな知っているということです。イギリスの劇作家ということを知らない方は、ここにいませんくハムレットやマクベスが薬の名前でも、お菓子の名前でもないということを知ってい

る方が全員ですけれども、いまからお話ししますのは、それがまだ全く知られていない時代のお話と思って聞いていていただきたいと思います。お手元のハンドアウトの順番でなるべくわかりやすく話していくつもりです。

1　翻案の時代

明治時代に、さまざまな外国演劇の情報が入ってまいりますけれども、日本人にわかりやすく説明する。昔でいいますと啓蒙する。知ってもらうためにはどういうふうにするかといいますと、多くのジャンルがそうであったように「翻案」という形をとります。シェイクスピアといっても、いまでは言いやすい言葉ですけれども、当時の人にとっては発音がなかなかできない。それから、いまでもそうですが、我々は欧米圏の人の名前は慣れているから、一、二回聞けば覚えますけれども、例えばイスラム圏やアフリカ圏の人の名前は、僕などは一度や二度聞いても全然覚えられない。そう思えば、当時の人たちの気持ちも多少はわかっていただけるのではないかと思います。

まず、翻案ということで日本に置きかえて考えるということがなされました。現在では、翻案というのは、何となく翻訳より劣ったもののように思われたり、あるいは翻訳の前段階と思われておりますけれども、決して翻案は翻訳より劣ったものでも前段階でもございません。

一九世紀以前は、ヨーロッパでも外国のものを自国に輸入する場合には、翻案が普通であったと思います。あるいは、これはご存じの方もいると思いますけれども、シェイクスピアでも、一八世紀は改作のほうが普通だった。有名なネイハム・テイトのハッピーエンドで終わる『リア王』は普通でありました。テイトの改作を研究している方の話を聞いたときにおもしろいと思ったのは、シェイクスピアの作品の人物というのは、彼のオリジナルな人物像ではなくて、歴史上の人物とか、伝説とか、神話にあったものですから、リア王伝説の流れからいけば、ハッピーエンドのほうが普通だというのです。ただ、シェイクスピアがあまりにも巨大な存在であったがために、その大きな岩が置かれてしまうと、それ以前のものが見えなくなってしまうというような話も聞きましたけれども、ともかく日本でも浄瑠璃や歌舞伎は改作というのが普通でありました。一九世紀の途中から、作品というのは自立したものであって、オリジナルでなければいけないみたいな考えが出てきたら、翻案というのがあまりなされなくなったと考えられると思います。

ア　視覚による認知

翻案を明治時代にする場合に、どういうふうな方法をとるかといいますと、何も知らない人にわかってもらえるためには、目で認知してもらうというのが最初です。ハンドアウトの一番最初に「ア　視覚による認知」に「役者絵」とありますけど、実は役者絵というよりも挿絵ですね。挿絵から入っていったほうがよろしいかと思います。挿絵による認知というのは、我々は子どもの頃の読書でほとんど行っているものです。会場にいらっしゃる皆さんも、子どもの頃の読書体験を思い出していただければわかるように、まず挿絵の強烈な印象があって、本文のほうは付随的なものです。児童文学とか、子どもの絵本ですとか、そういうものです。それから、宗教的なものでも、お寺にある絵巻物とか、キリスト教の教会にあるようなものでも、まず絵で驚かすというか、印象づけておいて、その後に物語がくるというふうに、挿絵によって本を理解させるというのが、実際にはよく行われていることでございました。

我々だけではなくて、ヤン・コットという、『シェイクスピアはわれらの同時代人』という本で有名なポーランドの方ですが、その日本語版の序文を読みますと、同じことが書いてあります。ヤン・コットも、自分が知ったシェイクスピアは絵本の挿絵だったというのです。その後どこかでやるのを見て、活字で読んだシェイクスピアは一番最後だったという。それは我々子どもの頃に行う経験だと思いますし、かつてはそうでした。ですから、挿絵から入っていくというのは、ある意味では正統的な理解となると思います。ただ我々は、何となく活字のほうを優先してしまうように、大人になるとなってしまうわけです。多くの物語は挿絵抜きに、文庫本とか文学全集ですと挿絵が全部カットされて、自立したものとして理解しなければならないみたいなのがありますけれども、『南総里見八犬伝』を挿絵抜きに読んだ人など一人もいないのですから、無理な話です。

話が飛んでしまいましたけれども、役者絵（挿絵）で理解されました。図1は、仮名垣魯文という人が新聞に連載しました『ハムレット』の翻案です。その挿絵ですりれども、『ハムレット』の役者が、鉢巻きをしております。これは当時のお客さんは一〇割の方がわかるわけです。病《やまい》鉢巻きという約束事で、この人は病人だという図像です。狂気でさまようことを「物狂い」というのですけれども、物狂いのシンボルというか表象になっております。そして、これは町人ではない。ハムレットは侍ではないですけれども、皇子ですから貴族なんでしょうけれども、侍の頭ではないです。現代人はわかりませんけれども、このかつらは、明らかに侍のかつらではないです。ですから、位の高い人間が病を患っているということが一瞬にしてわかるような図像になっております。そういうふうにして認知させていくのが最初の手段です。

図1　狂気をよそおうハムレット

それから、もう一つが「漢字」の効用ということがあります。外国の国名でいまでも生きているのは五つぐらいですかね。亜米利加（アメリカ）、英吉利（イギリス）、独逸（ドイツ）、仏蘭西（フランス）の四カ国、それに濠太剌利（オーストラリア）を豪州というので、日豪関係とかいうふうに使いますけれども、国名以外はほとんど使わなくなりましたけれども、明治時代は、都市の名前、人名も基本的に漢字に置きかえて、あるイメージを与えるということです。これは大変大きなことでありました。英国は、イギリスではなくて「エゲレス」と言ってまいりましたから「英」の字が入っているわけです。シェイクスピアの場合もいろいろな字が最初は当てられました。

一番最初かどうかわからないのですが、明治四年（一八七一）に『西国立志篇』の中にシェイクスピアが紹介されていまして、そのときには「舌克斯畢」という字が当ててあります。シェイクスピアではなくて「ゼクスピア」というようなルビが振ってあると思います。それで「舌」の字が入っているのだと思います。

それから、明治一六年（一八八三）年の『人肉質入裁判』、ヴェニスの商人ですが、このときには「西基斯比耶」という字になっていまして、翌年の坪内逍遙の『自由太刀餘波鋭鋒《じゆうのたちなごりのきれあじ》』、ジュリアス・シーザーですが、このときからシェイクスピアの字は「沙比阿翁」が当てられて以後、シェイクスピアといえば「沙翁」という言い方が漢字としては普通になってしまいますけれども、最初の「舌」で始まるシェイクスピアから、昔はヨーロッパのことを「泰西」と言いましたので、そのヨーロッパの漢字を残しました「西」という字のシェイクスピア、そして最後に逍遙の「沙」という字を使ったシェイクスピアというふうに、ずいぶんイメージが変わってまいります。

ロシアも、最初はいまの「露」ではなくて、内田魯庵の「魯」という字でした。それが「露」に変わりまして、国のイメージ自体も、どの漢字を当てはめるかによってずいぶん変わるのではないかと思いますが、人名でも同じことが言えるかもしれません。ともかく視覚的な認知によって、まずシェイクスピアというものを実感させるということから、明治のシェイクスピアは始まっております。

それから、役名にしましても、いまでもなじみのない国名の人名というのは覚えるのに一苦労も二苦労もするわけですから、漢字に置きかえております。『ハムレット』は多くは「葉村年麿」あるいは「葉村年丸」と読みかえられております。

そういうふうにして、漢字と絵で、あるイメージを当てはめていくというのは、決して稚拙な方法ではなくて、当時にしてみれば最も適切な方法だったと思います。

イ　対応物なし

翻案というものが翻訳とどう違うかということは幾つもあると思いますが、大きな特徴を一つ申し上げておきますと、対応物がないということです。翻訳は、基本的に原文に対応させる作業だと思うのですけれども、翻案は原文に対応するものではありません。私は、坪内逍遙の翻訳『自由太刀餘波鋭鋒』（ジュリアス・シーザー）を読んだときに、最後のほうにこういうせりふがあります。「まことやこれも優曇華《うどんげ》の春に花さくならいじゃのう」という、元の鞘に収まってめでたいという意味のせりふですけれども、これは「まことやこれも優曇華の」と、歌舞伎の時代物では使いますけれど、何という英語を逍遙は訳したのだろうと思って探してみたのですけど、もちろんというか、当然というか、そんな言葉は原文にはないのです。「まことやこれも優曇華の」もなければ、「春に花さくならい」も何もございません。『自由太刀餘波鋭鋒』は、最初だって全然違った詞章を入れております。それが翻案のおもしろさというか、魅力であるわけです。対応物がないということです。だから、探してみても無駄ということになります。どういうことかというと、すぐ後でお話しいたします「独白」の問題と関係がございます。

簡単に前もって言っておきますと、対応物がないというのは、叙景の部分がシェイクスピアの作品では長くはないのと関連します。逍遙の叙景はずっと長いのです。叙景のことは独白との関係で、また後で出てまいりますので、一応そのことだけお話しして、一番目にまいります。

2　独白はなぜなかったのか・なぜ言わ（え）なかったのか

「独白はなぜなかったのか・なぜ言わ（え）なかったのか」、これはどういうことかと申しますと、一番有名なハムレットの「生か、死か、それが疑問だ」というせりふです。これは長く日本の翻案上演ではカットされておりました。ハムレットといえば多くの方は、このせりふはどういうふうに言うのだろう、何と訳されているのだろうと楽しみに、一応気にして行くところですけれども、それがございません。それはなぜかというと、すぐ考えますのは、要するに、これは世界の有名なせりふだとか、名せりふだということを、知らなかったのではないか。そんなことは絶対ありません。当時から、これが最高に有名なせりふだということはよく知られておりました。

独白不要論

そのせりふの一番最初の訳ですが、図2をご覧ください。これは日本人が訳したのではないのですけれども、『ジャパン・パンチ』の記者が訳したものです。「シエクシピル」となってい

図2　明治7年“The Japan Punch”に掲載された日本最初の第四独白訳

ます。「シバ井ゴヤ」は劇場のことです。刀をさして侍の格好をしています。イギリス人ですから、侍も貴族も区別つかないわけです。その下に横にローマ字で書いてありますのが、最初に紹介されたと言われているTo be or not to be: that is the question: の翻訳でございます。下にArimas arimasen are wa nan deska と書いてあるのですが、それがその訳なんです。

ほかにもこのせりふは紹介されておりまして、あれを知らない人はいなかったにもかかわらず言わなかったというのが、翻案時代のおもしろいところです。なぜ言わなかったのか、言えなかったのかといえば、一つは、独白不要論というのが、そのころ日本でも言われておりました。独白不要論自体は、一七世紀からヨーロッパでもあったようです。だんだんリアリズムの時代になってきますと、独白はおかしいというので、独白がなくて人物の内面というか、考えていることを表現できないか。長くなるから簡単に申しますと、ラシーヌが『フェードル』で、フェードルのイポリートへの思いを、従来だったら独白でいいのですけど、独白はいけないというので、侍女が聞き出すというような役をつくったと言われています。日本でも幕末から明治にかけまして、とにかく一九世紀はリアリズムというのは大変な価値の時代ですから、独白を入れるとおかしいとなってまいります。

次は、五代目尾上菊五郎が『魚屋宗五郎』という芝居をやったときの芸談です。歌舞伎に詳しい方やご覧になる方は、『魚屋宗五郎』はご存じだと思いますけれども、妹が死んでしまって悔しくてしかたがないということを、河竹黙阿弥の脚本では独り言で言うのです。ところが五代目菊五郎のような天保生まれの歌舞伎役者が、「今時の芝居で花道へ立って一人でこんな事をいふのは見物の方で馬鹿々々いくつて聴いていられません」ということで変えまして、若い衆が通りかかって、「おい、宗五郎さん、なんか浮かない顔しているじゃないか。どうしたんだい」というふうに聞かせて、それで「実は、こうなんだ」というふうに聞かせるという役をつくったわけです。そういう時代でありました。

次に紹介しますのも、花房柳外という、これはイプセンの受容で非常に有名な人ですけれども、ここでは、とにかく独白なんかなくてもあってもいいのだということを言っております。「ハムレット全体の価値は楽天観の破れて理想の悲劇を作為する所に在り、独白の有無些かの痛痒を感ぜざるなり、若し予にして彼の場合を脚色せしめばハムレットは黙して唯だ煩悶すべし、独居は独居の侭あるべし、無言は大なる演説者にあらずや」、というふうに、独白などなくてもあってもいいじゃないかという考え方です。これは、いまにしてみればばかばかしいと思いますけれども、当時は独白するほうがばかばかしいという感じでありました。これは決して笑うことはできません。当時は、リアリズムというのが圧倒的な価値として考えられていた時代だったからです。

叙景と心情

独白はなぜ言わ（え）なかったのか。もう一つ、役者の立場から見てみますと、こういうことが言えます。それはハンドアウトの二枚目「叙景と心情」というところです。これは「言えなかった」ほうです。

ハムレットを演じた役者のほうは、葉村年麿とか、葉村年丸を演じた役者の写真を数名コピーしてお配りしましたけれども、最初は、例の「生か、死か、それが疑問だ」という独白を言いませんでした。なぜ言わなかったのか。当時は歌舞伎しかなく、川上音二郎の新演劇が少し出てきた頃ですから、基本的に、いきなり心情のというか、気持ちのせりふを言う表現システムはないということです。つまり、叙景から始まるのです。叙景から始まるというより、叙景が主なんです。皆さんご存じのように、昔の和歌ですね。『古今和歌集』、『新古今和歌集』の中には、「五・七・五・七・七」のうち「五・七・五」までは叙景。もっと甚だしくは、「五・七・五・七」まで景色で、最後の「七」だけが内面というか、心情の告白で、「寂しい」

とか、「悲しい」とかいうようなのが多いというのはご存じだと思います。これは歌舞伎のせりふがそうでありまして、叙景こそが作者の腕の見せどころ、役者のせりふの聞かせどころなんです。心情はたった一言でいいんです。「いい眺めだな」とか、「寂しいものだな」とか、「どうしたらいいのだろう」というようなことは最後にあるだけです。それを眺めに託している。そして、最後に景色に託して心情を述べる。国文学のほうでは「景情一致」ということもあるようですが、景色の「景」に心情の「情」です。景情一致が日本的と言っていいのが、外国でもそうなのかはわかりませんが、近代以前の表現スタイルであります。

これは現在でも生きております。最近ははやりませんけれども、歌謡曲は依然として叙景から始まりまして、心情告白はありきたりでいいんです。「あの人はどこへ行っちゃったの」とか、「私は、いまでもあなたを思っている」とか、ただ一言。それを、冬景色や、雨がそぼ降る坂道を歩いていくのをどんなレトリックで描くのかというほうが重要なんです。そこの歌詞を書くことが、作詞家の腕の見せどころであって、歌手のほうは、その叙景をいかに実感させるかというところが聞かせどころでありまして、心情はただ一言でいいのです。それが最近のシンガーソングライターの方は、いきなり「俺はもうだめだ」みたいなところから始まりますから、それが普通になりつつあるのかもしれませんが、いきなり心情告白から始まれないというのが、日本のせりふの表現システムの約束事だったと思います。

ただ、シェイクスピアの場合は、いきなり告白とは言えないかもしれませんが、心情から入っていきます。『ヘンリー四世』では、ハル王子が出てきていきなり、「俺は、なんで最近こんな憂鬱なんだ。ビールみたいな弱い飲み物ばかり飲むようになっちまった」というようなことを言います。それが明治の歌舞伎役者は言えないのです。おそらく、いまでも言えない歌舞伎役者はいると思います。つまり、歌を途中から歌えと言っても、なかなか歌えませんでしょ。それにある程度共通すると言えると思います。前のところを歌わないと、最後の「俺はどうすればいいんだ」というところだけ歌ってくれといっても歌えないのと同じように、一種の身体性みたいなものができていたのだと思います。ですから、いきなり「生か、死か」と言うシステムもなかったし、役者の身体性のほうに、それがなかったということが大きかったと思います。

しかし、やがて歌舞伎役者も言えるようになるのです。それはどうしてかということが、3の「独白はなぜ言えたのか」ということになります。「独白がなぜ言えるようになったのか」というのが正確かもしれません。

叙景がなければ言えないというのが一つですけれども、叙景のほうが主である。だから、明治時代の文学では、硯友社の尾崎紅葉とか、泉鏡花とか、ちょっと流れは違いますけど谷崎潤一郎などは、ものすごく叙景が長いですよね。叙景とか、着物の柄、持っている財布やハンドバックなどの描写がものすごく長くて、心情はただ一言「彼女は悲しかった」と、それだけ。そういう叙景に托すのが、ある意味での伝統だったということをお話ししました。それを言い忘れたので、いま追加して申し上げました。

3　独白はなぜ言えたのか

音楽と身体

次に、独白はなぜ言えるようになったのかということです。叙景がなければ、いきなり心情が告白できないというのと同じように、歌舞伎の役者は、基本的に音がないと舞台に出られないのです。下手から「どうぞ」と言っても、足が前に出ないです。これは明治時代のことではありません。私は、実際に国立劇場で歌舞伎の制作をしておりましたので、毎回の稽古に全部付き合うのです。私が辞めたのが一九九六年ですけれども、その当時の若い役者でも、音がないと、下座音楽がないと出られない人がいました。私より若い役者でもですよ。「何かちょうだいよ」と言うのです。「何かちょうだい」と言うのは、音をちょうだいということです。何でもいいんです。「ドドドッ、ドドドッ」という風音でもいいんです。風音があれば出られる。それがないと足が一歩も出ないという不思議な身体感覚があったのです。いまの若い役者は、私は付き合いがないので知りませんけれども、音がないと体が動けない。つまり、舞台に

図3　山崎長之輔の年丸

も出てこられないということがあります。

最初に、ハムレットの「生か、死か、それが疑問だ」と言いましたのは、図3の山崎長之輔という人です。資料に「今度真砂座では伊井丸だしの山崎長之輔」とあります。伊井というのは、伊井蓉峰という新派の有名な俳優でありました。山崎長之輔も新派にいて、そのあと連鎖劇という映画と芝居をごっちゃに演じるような芝居の大スターになった人です。その新派出身の「山崎長之輔が年丸に扮する事とて、師匠が独白をすらすらと文釣《あやつ》る優であるから、この優も難なくして退けるであろうと信じて、かの大沙翁の有名な句――の一くさりを、その当時冨山房発行の分のみ出して、舞台では全く抜き来つた（舞台では言わなかった）ものを、今度は初めて挿入れる事にした――この独白を入れたについて――葉村家の奥庭の樹陰にして、喬木の蔭から後段に折枝（オフィーリア）が投身する古池を見せて、年丸はこの大木にもたれて独り煩悶の末、かの長白（長ぜりふ）を列ねる事にした」というふうに、このとき翻案しました山岸荷葉という人が書いております。

カットしたというのは、これは明治四〇年ですが、四年前の明治三六年（一九〇三）に、図4のやはり有名な新派の藤沢浅二郎という役者が葉村年丸を演じたときのことです。そのときはカットしたというのです。今度は山崎長之輔だからできるだろうということで、こういうふうに書いているのです。実際に、山崎長之輔はこのせりふを言ったようですけれども、なぜ言えたのかということです。彼は新派の役者で、歌舞伎の役者でなかったからか。これは間違いです。そうではありません。山崎長之輔は禁じ手を使ったんです。それは何かというと、「チョボ」と俗にいう義太夫を入れたのです。

図4　藤沢浅二郎の葉村年丸

つまり、先ほど言いました

ように、音楽が入らないと体が動かない。叙景がないとその心情が言えない。それを叙景なしに言うために、義太夫を使いまして、いわばそこまでを義太夫は語るわけです。そうすると、我々もそれなら途中から歌えるように言えるというふうにいたしたわけです。義太夫を入れていいのなら、その前の役者も苦労はいたしません。藤沢浅二郎も、初代鴈治郎も演じているのですけれども、「それならば俺にも言えた」と言ったでしょう。つまり彼は禁じ手を使っちゃったんです。禁じ手を使うことによって、ともかくそのせりふを言いました。いったんそれを使ってしまいますと、あとは言えるようになっちゃうのです。だから歌舞伎の役者でも、いまではすっかり忘れられている人ですけれども、五代目市川小団次の葉村年丸も、このせりふを言ったようです。このときも義太夫はあったと思います。そういう禁じ手を使ってしまえば言えるのですけれども、義太夫という一種の音楽を使うという禁じ手を使う以前のほうが、私は重要だったのではないかと思っております。

「内面」の必要性

なぜそれが重要なのかといいますと、もう一つ、言わなかったことの理由ですけれども、「生か、死か、それが疑問だ」にしても、内面を我々は一番重要みたいに思っております。叙景はただ自然のことを言っているだけではないか。人間が何を考えているのかのほうが重要だと思うのが、現代人の感じ方でありますけれども、近世から明治にかけては、やはり内面はそんなに重要ではなかったということです。さっき、硯友社系の尾崎紅葉、泉鏡花、あるいは谷崎潤一郎の話をしましたけれども、小説でも同じだったのです。

次は小説についても内面の部分、その登場人物が何を考えているのかをカットした例です。現代人から見たら、ものすごい乱暴な話ですけれども、以下は近代文学の研究者で有名な小森陽一が言っていることです。「作中人物の内面に関する説明が、訳者丹羽純一郎によって省略されてしまった場合も何度か見られる。彼は作中人物の内面に関する細部の記述を、文学作品にとってなくてはならぬものと認めてはいなかったのである」と、これは大変おもしろいところだと思います。明治の末からのいわゆる「文学」が成立してからとは全く違う。つまり、内面はなくてはならぬものとは認めていなかった。そういう時代のほうが、シェイクスピアの翻案については非常におもしろいのではないかと思います。ですから、「生か、死か、それが疑問だ」を言わなかった時代のほうが重要だと思います。時代のほうが、というのは言いすぎですけれども、言わなかったことが重要だということです。

「ハムレット」全体を日本人が、一番最初に翻案しましたのは、『葉武列士《はむれっと》倭錦絵《やまとにしきえ》』というものです。明治八年ですけれども、これを一九九五年頃に、いまの市川染五郎が上演したことがあります。そのとき私は、まだ国立劇場の職員で、私の上司が演出したものです。「ハムレットは、この時代は独白は言わなかったのだから、言わないことに意味があるのだから言わないほうがいい」ということを、私は盛んに力説したのですけれども、言わなければお客さんが納得しないし、役者としても、あのせりふを言わなかったらやりがいがないですから、言っていましたけれども、もちろんいま風のせりふではないですよ。坪内逍遙訳のせりふを使ったんですけれども、しかし、それも本当は言わないことのほうが、当時のものを上演するならば意味があると、私は思いました。

やがて葉村年麿や葉村年丸から「ハムレット」に変わる時代がやってまいります。図5の明治四〇年（一九〇七）のことです。坪内逍遙主宰の文芸協会で演じましたときに、主人公の名前も、芝居のタイトルも『ハムレット』になります。このときハムレットを演じましたのは土肥春曙です。私が驚きましたのは、このとき上演台本にかかわった坪内逍遙の直弟子の杉谷代水という人のことです。その人がこういうことを書いているのに実に驚いたんです。

「訳者（自分のこと）は種々の理由ありて彼の独白に余り多くの価値を与ふることを好まず―開幕早々長独白に入らんことハムレットを演ずる役者の堪え得べきことにあらざれば―彼の条規除き去ることとしたり」と、この明治四〇年、二〇世紀になっても、文芸協会の上演になっても、上演台本にかかわった杉谷代水が、まだハムレットの独白「生か、死か、それが疑問だ」はいらないと言っているのです。ただ、実際には坪内逍遙訳として上演されましたから、さすがに逍遥は入れました。そうでないと意味ないですからね。逍遥が入れたこと以上に、私が興味深いのは、杉谷代水のような逍遥の直弟子で、当時けっこう有名な人です。その人でさえも、この段階になっても、まだハムレットの独白はいらないと。除き去ることにしたのだと言っていることに、私は大変驚いたのです。実際には、さっきから何度も言っているように、土肥春曙はハムレットでこのせりふを言ったわけです。

土肥春曙は、いまではご存じの方は少ないかもしれませんが、当時は文芸協会では有名な人であります。彼がなぜ動きながら、動きながらということは、歌舞伎役者や新派の役者のような音なしで普通に舞台に出てきて、そのハムレットのせりふを言えたかということですけれども、それは一つは、川上音二郎一座がヨーロッパに行ったときに、彼は通訳として同行しておりました。そのときに彼は、通訳であると同時に役者でもありましたから、ともかく向こうで見た芝居や実生活の中から、西洋人のしぐさや動きというものを、ものまねというのは悪い意味ではなくて、せりふ、声が、いかに動作やしぐさに反映するかということを、直感的にあるいは考えながら学んだと思うの

図5　土肥春曙のハムレット

です。

いまも私は、こういう大教室でしゃべっていると、こうやって手が動いちゃうんです。もちろん、家ではこんなことといたしません。こういう空間ですと、自然に手は動いちゃうものです。しかし、その動きというのは、我々は慣れておりますけれども、初めてこの役をやる場合には、まず頭で考えちゃうんですね。我々もそうですけど、活字で考えてしまいます。例えば皆さんだって、小説を読むでしょうけれども、そのせりふのことや、この女は、男は、何を考えているのかということを考えるでしょうけれども、その男や女が、何色の衣装を着ているのか、あるいは腰かけてこの言葉を言っているのか、坐って言っているのかなんて考えないと思うのです。そのせりふだけを考えている。小説家だって、そんなこと考えてないわけです。この主人公は何色の衣装を着ているのですか、どんな姿勢をしているのですか、といっても考えたことないと思うのです。ですけれども、役者にとっては、それが重要なんです。そちらのほうが、外面のほうが。一体どんな格好をしているのか。それによってせりふの言い方も違う。私だって授業を十何人のゼミ教室でやるときに、こんなこと（身振り手振り）やりませんよ。それは人数や広さによって変わっちゃうのです。

話がズレてしまって失礼しました。元に戻します。土肥春曙は、もちろん頭でも理解したでしょう。だけれども、外国人のしぐさ、外国人の演技を、実際に目で見て覚えて、そしてそれを応用して、動きを取り入れたということが、『ハムレット』でけっこう動けたことの理由ではないかと思います。これについてはいろいろな研究がありますから、結論はまだ出せませんけれども。

次にあるのは、土肥春曙が、後に『ハムレット』を再演したときの回想ですけれども、「彼の有名な『存ふるか存へぬか』の科白は前回は中途から椅子を離れて大分活発に動いたが、夫《それ》では人物の腹とも白の意味とも違ふので今度は成るべく動かずに」という言い方をしております。つまり、明治四〇年の上演のときには、けっこう動いたということであります。それはなぜそんなに動けたのかということは、せりふを頭だけで考えるのではなくて、体の動きとの関連の中で、彼が考えるというか、体で覚えることができたということになるのではないかと思います。

いささか早く走ったかもしれませんけれども、お話ししたいと思っていることは、そういうことでございます。

土肥春曙に限らず、山崎長之輔にしましても、役者というのは、私は長いこと現場で役者と付き合ってきましたから思うのは、役者は理解力ではないんですね。役者は、理解力より表現力だと思っています。理解してないな、全然わかってないのじゃないかと思う人が、舞台に出るとものすごい表現をするんです。わかってないのに、何でこんなこと表現ができるのかと思うようなところが、演劇の不思議なところであり、魅力であります。それを行ってきたのが、いまお話ししてきたような役者たちだったたと思うのです。

明治四〇年以降は、『ハムレット』はもう葉村年麿として上演することはありません。もうハムレットになってしまって、あとは、いろんな翻訳が出てきて、いろんな表現が出てくる。ですけれども、私が非常に関心があるのは、もう一回申しますけれども、やはりそのせりふを言える前なんですね。ハムレットは、葉村年麿だった頃の困難のほうが、ほうがというのは言い過ぎですけれども、困難に大変興味があるということで、そろそろ時間も時間ですので終わりたいと思うのですけど、もう一つだけ、言おうと思っていて忘れていたことがあります。

「明治のシェイクスピア　抜粋」というところで、最初のシェイクスピア翻訳と言われているのは、明治一一年（一八七八）の和田垣謙三です。これ以前は、翻訳ではなくて、「紹介」とか、「翻案」なんです。『李王』が『リア王』というのはわかりますよね。これが興味深いのは、漢文だということです。我々は、翻訳といえば日本語に訳すことだと思っているでしょう。ですけれども、明治一一年、もちろん江戸生まれのインテリにとっては、翻訳するということは、漢文に訳すことだったんです。それもある時期の、漢文は西洋ではラテン語になるのかもしれませんけれども、インテリが学ばなければならないこと。それもシェイクスピアの受容の中では、最初は漢文に訳すということが翻訳だったのだということも、私は関心を持っております。
そろそろ時間ですので、このくらいで終わりたいと思います。どうもありがとうございました。

図版の出典

河竹登志夫『日本のハムレット』南窓社　一九七二年。

シェイクスピア・福田恆存・その翻訳

福田　逸

御紹介いただきました福田でございます。よろしくお願いします。

早速ではありますけれども、福田恆存の立ち位置といいますか、日本におけるシェイクスピア受容・上演史における福田恆存の意味・意義はどういうものであったのか。息子が意義について語るなんというのも、嫌みというか、いい気なものだと思われるところもあるかもしれませんが、父が死んで今年がちょうど二〇年になりますので、「父」とは申しましても、私もそれなりの歳を重ねて参りましたし、その辺は気にせずにお話ししたいと思います。

今回の講座のために、恆存について改めて調べましたが、シェイクスピアと接したのは、高校の恩師に落合先生という方がいらして、その先生が「シェイクスピア、おもしろいぞ」というので、一緒に読んでくれたり、いろいろ教えてくれたり、個人教授みたいなことをしてくれたらしい。それをきっかけにシェイクスピアに親しむようになって、旧制高校を卒業して東大に入ってから、昭和八年ですけれども、薄田研二の『ハムレット』を観ています。先ほどの神山先生のお話の中に入る時代です。築地小劇場は劇団名でもあり劇場名でもあったわけですが、劇団が分裂して、新築地劇団というのが土方与志らによって作られます。その新築地劇団で久米正雄の演出で薄田研二のハムレットを、昭和八年に恆存は見ているのです。資料2（章末参照）にある、『シェイクスピア劇のせりふ――言葉は行動する』という論文で恆存は、こういうことを言っています。

「築地小劇場で薄田研二のハムレットを観てゐた私は、それが原文に比していかに間のびしたものであるか、シェイクスピアの人物の意思と行動力を抹殺し、彼等をいかに無気力なものにしてしまつてゐるか、その事に不満を懐いてゐたのである。シェイクスピアはしよせん讀む爲の戯曲に過ぎないのか、昔はともかく今日では上演不可能なものなのか、私はさう思ひかけてゐた。」（資料2（A））

つまり、昭和八年に観て、それ以降恆存はそう思っていたらしい。ここに書かれている「昔はともかく今日では上演不可能なものなのか」というのは、今の神山先生のお話を伺っていると、受容期におけるシェイクスピアの「上演」というものは、果たしてどこまでが、現代の感覚で上演と言えるかどうか不明ですが、それを、ここで福田恆存が「昔はともかく」と言った。「昔」というのは、つまり、明治・大正ですね。その頃はともかく昭和八年の上演を見て、それ以降、「今日では」、つまり、昭和の時代にはシェイクスピアというのは、「しょせんは読む」もので、舞台で演じ、観客が見るものではないのではないかと思っていた。

それから二〇年後、昭和二七年に日本もようやく占領下から脱し、主権を恢復するわけですが、翌昭和二八年に恆存はアメリカのロックフェラー財団の招聘で一年間欧米を視察する機会に恵まれます。当時の文人とか評論家とか小説家とか、大岡昇平さんなどもそれで欧米を回っているはずです。中村光夫さんはパリのほうへいらしたりしています。そういう招聘がありまして、昭和二八年九月に日本を発ちました。人生最初で最後の「洋行」と思ったのではないでしょうか、恆存は飛行機ではなく、クリーヴランド号という、当時としてはかなりの豪華客船で横浜から出掛けました。アメリカで半年過ごして、早くアメリカから抜け出してイギリスへ行きたくてしょうがなかった。シェイクスピアの本場のロンドンに行きたくて、アメリカ滞在中の日記には盛んにロンドンへの期待が出てきます。そのロンドンで約半年過ごし、帰国の途次、ヨーロッパを少し旅行しています。

横浜港で出発する父を見送った記憶がありますが、私はまだ小学校に入る前で、帰ってきたのが六歳の時でした。その時のことで、父との別れよりも私の記憶にあるのが、混雑した船の中で迷子になりそうになって、自分も一緒に船でアメリカに連れて行かれてしまうのではないかと、何だか訳の分からない状態で、母の姿が見えないことに泣き出した記憶があります。巨大な客船の甲板に居並ぶ乗客と桟橋の見送りの人々の間には色とりどりの紙テープが無数に風に吹かれて、まさに「洋行」という雰囲気でした。

で、イギリスへ行った恆存は、ロンドンで一つの偶然に巡り合います。偶然は畢竟必然かなとも思うのですが、オールド・ヴィック劇場でベントール演出の『ハムレット』を観ることになる。この劇場は今でもあります。もちろん改修はしていますけれども、内部の構造などはほとんど昔と変わらずにそのままで残っています。私も何度も行っていますが、そこの劇場で、ちょうど父がまいりましたときに、「シェイクスピア全作品上演五カ年計画」というのをやっていまして、総監督がマイケル・ベントールだったと思います。このマイケル・ベントール演出のリチャード・バートン——後にエリザベス・テイラーと結婚して、それでむしろ有名になって、日本ではそれで記憶のある方もいらっしゃると思います——そのリチャード・バートン主演の『ハムレット』を見て、「あ、これは今の日本でも翻訳上演の方法があるのではないか」と考えたということです。

具体的に恆存のシェイクスピア観、演劇論に入る前に、資料1を丁寧に見てみたいと思います。

資料1

◎シェイクスピア作品上演回数（翻案・朗読も含む＝佐々木隆編CD-ROM版『日本シェイクスピア総覧』・エルピス社刊行に基づく概算）

（A）……明治　二年（一八六九）～昭和三〇年（一九五五）　八七年間に約三四〇公演
昭和三一年（一九五六）～平成二四年（二〇一二）　五七年間に約一六〇〇公演

（B）……昭和二〇年代……四八公演
昭和三〇年代……五三公演
昭和四〇年代……一四八公演
昭和五〇年代……三二九公演

日本におけるシェイクスピア作品の上演回数は明治以降を考えればよろしいわけですが、この『日本シェイクスピア総覧』というCD-ROMを最近買ってみたところ、その前に平成五年までをまとめたものが二冊本になっており、それで計算してみたのと、この新しいCD-R

ＯＭ版とでは、ちょっとデータに変化がありますが、恐らく、編者がさらにデータを集めて、より緻密なものとなったと思われます。上演されたものを一覧表、といっても何百頁にわたるのですが、明治・大正・昭和・平成と、最後は平成二四年の一二月、つまりつい二年前の公演まで載っています。原作のままの上演のみならず、ほんのちょっとした抜粋から、翻案上演から何から何まで載っています。それを数字で見ますと、福田シェイクスピアがどういう位置にあるのかが何となく見えて来ます。

話しが少し戻りますが、ロンドンでバートンの『ハムレット』を観た恆存は、早速以前から自分の戯曲を何作か上演していた文学座に連絡し、芥川比呂志のハムレット、杉村春子のガートルードでやろうという手紙を向こうから送ったようです。それで、昭和二九年の九月に戻ってきて、早速翻訳にかかり、昭和三〇年の五月に演出上演にこぎつけ、センセーションを巻き起こし、翌年一月には再演までしています。

資料に戻りまして、明治二年、この辺は、本当にシェイクスピア上演と言っていいのかなという舞台もあったのでしょうが、網羅主義で『シェイクスピア総覧』の中の上演数はできています。その明治二年から昭和三〇年までの八七年間に、そういう細かいものまで入れて約三四〇種類の公演が行われています。昭和三〇年に福田『ハムレット』は上演された。それもそこに含まれて、約三四〇公演ということです。

一方、昭和三一年から平成二四年までの五七年間に約一六〇〇公演。三四〇公演の約五倍になります。八七年間と五七年間という両者の時間差を勘案して大ざっぱに計算しますと、後者では前者の七倍に上演回数が増えたことになります。ですから、昭和三〇年が転換点とまでは申しませんけれども、福田『ハムレット』が上演された前後を大雑把に数字から把握することが可能かと思います。もしも恆存がロンドンに行ってリチャード・バートンのハムレットを観ていなかったらば、こういうことが起こっていたかどうか分からないとすら言えるのではないか。

（B）のほうは、まさに福田訳が出てくる昭和二〇年代から五〇年代の公演数を一〇年ごとに計算したものです。表の昭和二〇年代というのは二一年～三〇年、三〇年代は三一年～四〇年とお考えください。二〇年代の四八公演の最後の年に、福田『ハムレット』の初演がある。戦後ですから、当然芝居なんて観に来るお客さんも少なかったはずです。戦前戦後における一番の貧困は、戦争中よりも戦後三、四年間で、私の記憶のごくわずかのところにも残っています。隣の家で食べる物がなくて、母がこっそり分けていた記憶もあったりという時代です。そういう時代も含めた昭和二一年～三〇年の一〇年の間に四八公演行われているというのは、それなりの上演回数なのではないかとも思えます。

昭和三〇年に福田の『ハムレット』が上演されたのに、三一年～四〇年までの一〇年間では五三本しか上演されていない。ほぼ横ばいの数字です。そうすると、なんだ、福田『ハムレット』も大した効果や影響力はなかったのではないか、という言い方もできるかもしれません。ただ、今のようなテレビやインターネットという情報化社会ではない。翌年一月に再演されたということだけでも、その評判のほどは推し量れましょう。劇場だって、せいぜい一〇〇〇人入ればいいところです。満杯になって二〇回公演をやっても、最大限で高々二万人。テレビの視聴率やインターネットの現代とは状況が全然違い、ものの伝播力の違いも考慮する必要もあるでしょう。

こうして、恆存がシェイクスピアを日本でも上演可能と思って『ハムレット』を訳し、それが芥川比呂志主演で上演されたのが昭和三〇年、翌年早々、正月には好評再演。その後、三三年に、やはり文学座で芥川比呂志主演の『マクベス』をやっています。この『マクベス』の前、昭和三二年には、いまの松本幸四郎の父親の八代目幸四郎（のちの白鸚）主演で『明智光秀』という芝居をやります。これは福田恆存が『マクベス』を下敷きにして翻案した戯曲です。ですから、先ほどのCD-ROMなどでも、そういう翻案ものも一本に数えています。三〇年に『ハムレット』があり、三二年に福田恆存翻案といいますか、福田恆存作と言ってもいいですけれども『明智光秀』というマクベスばりの、魔女の代わりに妖婆が出てきて、妖婆とマクベス夫人を杉村春子が演じ、明智光秀を当時の松本幸四郎が演じた。この舞台は、私ははっきりと記憶に残っていて、せりふ回しから、杉村春子の妖婆と光秀夫人役の変わり身の早さ、演じ方、そういうものが記憶に残っております。

つまり、昭和三〇年の『ハムレット』があり、三二年に『明智光秀』があり（昭和三八年に再演）、三三年に文学座の芥川比呂志の『マクベス』がある。そして、松本幸四郎と福田恆存の蜜月時代という時期があり、最後までそうでしたけれども、昭和三五年には、『オセロ』を同じく幸四郎の主演でサンケイホールで上演している。さらに三六年には、文学座の『ジュリアス・シーザー』を初演しておりますが、これらすべて、勿論福田訳・演出だったわけです。

ちょうどその頃が文学座の内紛の時期で、文学座の中堅若手の芥川比呂志、小池朝雄、仲谷昇、岸田今日子たちと福田恆存が、いわば福田恆存は西郷隆盛なのかどうかかわかりません——担がれたのか、自分で引っ張ったのか——恆存自身にハムレットばりの相当の迷いがあったのは事実のようです。で、昭和三八年に、遂に分裂してしまう。今日は文学座の歴史を語る場ではないのですが、劇団「雲」という劇団が結成されました——私が去年、思い切って閉じてしまった現代演劇協会という、父が文学座分裂時に創立した財団法人がありまして——劇団「雲」はその財団の傘下に入る形で結成されたのですが、その旗揚げ公演に『夏の夜の夢』をもちろん福田恆存訳・演出でやっているわけです。

次の昭和三九年、だから一年おきか毎年のようにということですが、日生のプロデュースで

『リチャード三世』。主役のリチャード三世は、この間亡くなった勘三郎の父親、一七世勘三郎で、劇団雲と劇団四季の役者たちと合同で上演されています。当時、日生劇場のプロデューサーの一人に確か顧問という肩書で浅利慶太も入っていましたし、石原慎太郎も入っていました。そこのプロデュース公演という形で、『リチャード三世』をやはり恆存訳・演出でやっている。そして、昭和四〇年に、『ロミオとジュリエット』を「雲」で上演しております。

ですから、芥川ハムレットが昭和三〇年に出てから、一〇年間か一一年と言うべきか、CD-ROM版の『日本シェイクスピア総覧』に載っているもので数えると八作品で、再演もありますから一〇公演やっています。（なお、昭和三五年には恆存演出で市川染五郎＝現・松本幸四郎主演の『ハムレット』が日本テレビで、スタジオドラマとして放映されている。）そうしますと、昭和二〇年代の二一年からの一〇年間に四八公演に対して、三〇年代の福田訳あるいは福田翻案劇も含めて、五三公演から差し引くと、その他のシェイクスピアの舞台は四三公演と減ってしまう。この福田訳以外の上演の減少傾向の原因が那辺にあるかは難しいところで、世の中が経済成長に向かい演劇どころではなかったからとも思えず、あるいは、飽くまで憶測ですが、福田『ハムレット』を観た演劇人が一歩引いて、模索の時代に入ったのかもしれない。私自身は幸いにこの一〇年間に、福田訳シェイクスピア全ての公演を見ています。だから私は、シャワーのように福田訳を浴びてしまって、弊害も相当あると自分で感じているのですが、プラスになったことも大変あって、ありがたいと思っています。おそらく当時の観客も、あるいは演劇人も、福田訳の『ハムレット』を見、『マクベス』を見、あるいは『明智光秀』という翻案ものを見たり、昭和四〇年の『ロミオとジュリエット』まで毎年のように、福田の提唱するシェイクスピアの新たな上演法を一〇年間にわたって観察研究していたのではないかと思えてなりません。

ついでに、この『ロミオとジュリエット』の公演の演出には、実は恆存が昭和二九年にロンドンで見た『ハムレット』の演出家マイケル・ベントールを招聘しているのです。イギリスの一流中の一流の演出家を呼んで上演した公演というのは、これが初めてと言っていいのではないかと思います。私は、イギリス以外は詳しくないので、フランスやロシアとか他にあり得るかもしれませんけれども、少なくともイギリス関係ではなかったし、これは非常な評判でした。

ただ、『ロミオとジュリエット』に対して、生意気を言うようですけれども、そんなにいいなとは、私の感覚では思えませんでした。昭和四〇年というと、私がまだ一七歳です。例えば『ハムレット』は、ほとんど記憶にあるような、ないようななんですが、『マクベス』だとか、『ジュリアス・シーザー』などはもう少し記憶に残っています。それにつけても、「雲」創立時の旗揚げ公演『夏の夜の夢』の舞台の熱気、ロビーの高揚感は忘れがたいものがあります。血気盛んというか、頑張ろうというみんなの気持ちが溢れかえっていました。

いずれにせよ、この約一〇年間に福田訳演出のシェイクスピア劇を一〇公演やっている。私はシャワーのように浴びたと申しましたけれども、それをシャワーのようにではなくても、演劇界の人たちは、おそらく――築地小劇場あるいは自由劇場といったものが目指したものを、昔ではなくて、まさに現代の、昭和三〇年代、四〇年代の上演の手立てがある、自分でやってみよう――おそらく多くの演劇人がそう考えた。そこに福田恆存の果たした役割があると言えるのではないか。というのも、次の昭和四〇年代の一〇年間になると一四八公演と、五三公演から約三倍の上演数に達する。この時代には、小田島雄志訳はまだ出ていない。

実は、家に大事にとってあるのですけれども、小田島さんが父の『ハムレット』を見て、「この訳は違うのではないか。あの場面は、こうするべきではないか」といったことを書いてくれた手紙があります。小田島さんは大学か大学院在学で福田『ハムレット』に接したのでしょうか、やがて、御自分の更に新しい時代を切り拓こうとお思いになって始めたのが、文学座、出口典雄演出、小田島雄志訳。これも一つのエポックメーキングになるわけです。それは昭和五〇年代ということです。

出口典雄が文学座から離れた形で、シェイクスピア・シアターを立ち上げて、小田島さん訳の演出を片端からやって全作品上演に至るわけです。全作品やられたのは、調べているわけではないですけれども、坪内逍遙と小田島雄志のみではないかと思います。

それに比べて福田訳というのは一九作品しか訳していない。福田恆存というとシェイクスピアの翻訳者となりますが、果たしてそういう言い方が正しいのか疑問の残るところです。

話が戻りますが、「洋行」から昭和二九年に戻ってきたときに、父が、自分が外国へ行って戻ってきて、やろうと思った仕事に三本の柱があるということをどこかに書いています。

一つが、国語問題です。現在、我々は慣れ切ってしまっている当用漢字と現代仮名遣い——これは間違っていると、正字正仮名の合理性を説くこと、こういう国語問題をやろうというのが第一。第二に、当時は戦争の後ですから、いわゆる左派の進歩的文化人と言われる、岩波文化人と言っていいかもしれませんが、その人たちの平和論に対する反駁、平和論争というか、当時跋扈していた平和論に対して疑問を投げかける評論活動、これを第二の柱にする。そして第三が、シェイクスピアを現代日本での上演が可能な翻訳をしようと。この三本をやろうと言った割りには、一九作品というのは少ないともいえる。それは本数の問題ではなくて、質の問題、或いはシェイクスピア上演に対する問題意識の問題とでも言いましょうか。

では、福田恆存自身が何を考えていたか、どういうふうに演出すべきかということ。それが資料2、3、4（章末）のあたりの『翻訳論』などです。

資料2をご覧いただくと、『シェイクスピア劇のせりふ――言葉は行動する』という論文から4か所引用しています。資料3が『シェイクスピア劇の演出』という論文から。資料4はシェイクスピアを翻訳上演しての経験をもとに書いた『翻訳論』という論文から5か所挙げています。

資料2の（B）、真ん中をご覧ください。バートンの『ハムレット』を見て、どういうふうにしたら上演できると思ったのか――上演可能な翻訳ができるなと思い、演出もできると思って、恆存はこう書いています。「私が目ざしたのは現代語譯ではない。勿論《もちろん》私は現代の日本人の一人であり、現代の日本語しか喋れもせず書けもせぬ。だからあへて現代語譯を目ざす必要はない」と。当時、現代語訳というのは福田訳の宣伝に盛んに使われた文句ですが、現代語訳などということを自分は意識してない、という。これは福田一流の逆説ですが、現代に生きている俺は、現代の日本語しか喋れないのだから、俺が訳せば現代語だと、これは誰でもそう言えるわけです。だから、そこ自体にはそれほどポイントはないのですが、その次です――

「大事な事は（中略）シェイクスピアの躍動的なせりふの力をどうしたら（翻訳に）生かせるかという事である。そして、それはシェイクスピアの爲でも、英文學、英語の爲でもなく、現代日本の文學、および現代日本語の可能性の爲なのである。」

この辺に、単なる英文学者でもない、あるいは批評家でもない、翻訳家でもない、演劇人でもない、文学者でもない、福田恆存の面目躍如たるところがある――あらゆるものを総合している人間として、物書きとして、文章を生業としている日本人としての福田恆存のシェイクスピア翻訳の意図は、「現代日本の文學、および現代日本語の可能性の爲なのである」と言うのです。

続けて先へ行きたいのですけれども、その前に、今読んだ「現代日本語の可能性の爲なのである」という引用ですが、これは、昭和五二年に書いている。それから七年後に、恆存はギリシャ悲劇の『オイディプス王』を翻訳・演出しています。その後、同じソポクレスの戯曲『アンティゴネ』も訳し新潮文庫から出し、その解題を昭和五九年に書いています。これは勿論ソポクレスの戯曲を念頭に書いたには違いありませんが、翻訳という作業そのものの本質を鋭く突く一文があります。資料5をご覧ください。この二つの引用を合わせ読むと福田恆存が翻訳という営為をどうとらえていたか、明瞭になると思われます。

その解題で、一般論として翻訳という作業は「自国語によって多国の領土をかすめ取り、そうすることによって、自国語の語義や語法を拡張しようとする文化的・平和的略奪行為である」と書いています。つまり、英語の戯曲を、ただシェイクスピアを紹介するのではない。そういう時期ではないという。ソポクレスのギリシャ劇を紹介する時期でもない。もう紹介期は終わっているということです。今なすべきことは、と考えたときに、文学者としての福田恆存の脳裏に去来するのは、要は、一言で言ってしまいますと、日本語を豊かにするのだ、優れたものにするのだ、より豊穣なものにしたいのだ、その一つの手立てとして翻訳があるということでしょう。

恆存がしばしば口にしていたことに、「俺の『ハムレット』はシェイクスピア作福田恆存訳ではない、福田恆存作だ、シェイクスピアは日本語で書いてはいないだろう」という逆説的言辞があります。「自国語の語義や語法を拡張としようとする文化的・平和的略奪行為である」という思想がこの一見逆説的にうそぶいて見せる言葉の根底にあることは言うまでもありません。

資料2、『シェイクスピア劇のせりふ――言葉は行動する』の（B）に戻ります。

「私が狙《ねら》つたのはシェイクスピアのせりふに潜む強さ、激しさ、跳躍力、そこから出て來る音聲と意味のリズムである。ハムレットが言つてゐる事を傳へるのではない、ハムレットは今、この時、なぜ、かういふ言葉で、かういふ事を言ふのか、その気持ちを傳へなければならない。しかも、一つの行動が他の行動を生む様に、言葉が言葉を生み、喚び起こす様に、その必然性が目に見える様に耳に聞えてこなければならない。ハムレット自身の耳にも聞えてこなければならない。さもなければ、ハムレットは言葉の継ぎ穂を失つてしまふであらう。」

つまり、役者が演じているハムレットという人物本人の耳にも聞こえてこなければならない。自分の言っている言葉が耳に聞こえなければ、ハムレットは次の言葉が出てこないということです。

先ほど神山先生のお話しにも出ていたハムレットの「生か死か」の有名なせりふですが、福田恆存が言っているのは、「生か、死か、それが問題だ」と言い終わった瞬間には、次の言葉などハムレットは考えていない。「それが問題だ」と言っている瞬間に、フッと自分の中に、みっともないことしたくないなという気持が湧いたのか、あるいは逃げ出したくなったのか、福田訳で言うと、「どちらが男らしい生き方か」という言葉が続く。言葉自体が次の言葉を生み出している。「生か、死か、それが問題だ」と言った瞬間にハムレットの頭に何らかの想念が沸き起こり、ハムレット役者はフッと立ち止まらされる、自分の言葉が自分の中に次の想念を生み出して、立ち止まるという行動を生み出す。その行動を生み出して、どっちのほうが男らしいんだろうと考える。これがいわゆる即興で、常に、今まで、『ハムレット』が何百回、何千回行われてこようと、一回の公演で一〇公演やるとしたら、一回目と、二回目と、三回目、四〇回やるとしたら四〇回、毎回即興、アドリブで言葉が出てきているはずなんだ。とすれば、まず「生か、死か」、もう俺はあきらめて自殺しちゃおうかなとか、何とか生きていこうかなとか、それとももっと激しい行動があり得るだろうかなどということを考えたりする。舞台に出てきて「生か、死か、それが問題だ」と言った途端に、次の想念と行動が常に生れ、あたかも初めての体験であるかのごとく湧き起こる。

そういう言い方で、父は、私にも、稽古場でも語っていますけれども、言葉が行動を呼ぶ、言葉が動きを呼ぶ、せりふが動きをそそのかす。その動いた動きが、次の言葉を生み出してくる。せりふは決まっていて暗記している。だけれども、それがあたかもそこで突然出てきたかのようでなければならないのだという意味で、常に即興であり、体も言葉も、常に新鮮に新しいものが出てくる。言葉が言葉を呼ぶ、行動が行動を呼んで、その行動が言葉を生む、というわけです。だから論文のタイトルに「言葉は行動する」という本質的テーマを小見出しにしてかざしているのです。

資料2の（C）、「芝居のせりふは」というところをご覧ください。ことに論文などの文章の場合は、そこまでは、あざとかったり、わざとらしいことも無いでしょうが、芝居のせりふというのは、全て文字で書かれていても実際の舞台では、役者の身体が演じているものを客に見せるわけです。視覚的に見る。さっき神山先生が言われたように、もしも私がジェスチャーで、家でここまで大仰に両手を動かしていたら、恐らく家内は救急車を呼ぶことでしょう。やはりある状況に置かれるから、その状況に即して体は自然に動くわけです。私も、ここに立って講演をするという状況で何かを伝えようとするからこそ、その言葉に急かされるように、自分の体が無意識に動き出すわけでしょう。そういう意味で、芝居というものでは、どうしても動きをせっつくようなせりふを言わなければいけないというのが、福田恆存の考え方です。そういうせりふが書かれていなければいけない。ですから、ここで「芝居のせりふは語られてゐる言葉の意味の傳達を目的とするものではない」と、過激に言い切る。

「一定の状況の下において、それを支配し、それに支配されてゐる人物の意思や心の動きを、表情や仕草と同じく形のある〈物〉として」、言葉も存在するのだという――そういう内的なものや表情に出てくる心の動きとミスマッチしないで、一つのものになって合体したものとして――言葉が「物」として、あるいは「姿形」として、客に見えなければいけないということを、福田恆存はよく言っています。

要するに、言葉には形がある。私がいま喋ってる言葉にも、それなりの形があって、みなさんに伝わったり、伝わり損なったりする。ジェスチャーも含めて。そういうことを言っています。それを目的として、そういう翻訳をすべきだと言っているのです。

資料4の（B）をご覧ください。真ん中の長い引用です。

「ハムレットが自分の怯懦《けふだ》を反省する獨白において、あるいは母親に向つてその罪を責め立てる言葉において、私達はその〈意味〉を通じて彼の心中〈考へてゐる事柄〉を推測《おしはか》らうとしてはならぬ」と。意味を通じてではいけないのだと。当然のことながら我々は言葉に意味を求めますよね。これが恆存一流のレトリックであり、逆説と言ってもいいような言い方をしているのですが、「ハムレットの言葉はハムレットの口を突いて出てくる、その身悶《みもだ》えであり、身振りであつて、彼はどんなに悲劇的な危機の瞬間においても、自分の言葉が身振りとしての律動に乗つて宙に飛び散つてゆくのを、實はひそかに楽しみ、その楽しみに酔つてゐる」、演ずる役者には、そういう酔っている部分もあるのだと言うのです。

「言ひかへれば、さうして酔へるやうに彼は自分の言葉を吐き出してゐるのであつて、何かの〈意味〉などを傳へようとしてゐるのではない。言葉で自分を鞭打《むちう》ち、言葉で自分にまじなひを掛け、さうして自分を言葉の次元にまで引上げようと暴れ廻つてゐるのである。それをまた私は演戲とも呼んだ。」「シェイクスピアの飜譯において、一番大事なことは、そのせりふの〈意味〉ではなく、さういふ身悶えを、さういふ身振りを、弾《はづ》みのある日本語に移すことである。〈意味〉を傳へることは解釋の仕事であつて飜譯のなすべきことではない。」――この過激な断言、断定。意味を伝えるのは、それは解釈の領域だという、翻訳のなすべきことではないと言い切る。これは恆存の『翻訳論』という論文からの引用です。

資料4の（C）ではさらに続けて、当時の中野好夫や木下順二などの訳を取り上げて、これもまためった切りにしています。「だが、はつきり言つて、日本語譯シェイクスピアの大部分は、しぐさの伴はないせりふの羅列に終つてゐる。あるいはしぐさの甲斐もない。あるいはしぐさを殺す、したがつてせりふにならぬ言葉の連續でしかない」。つまり、上演のしようのない翻訳しかない。これでは上演はできないと切り捨てています。

　少なくとも、福田恆存という人間はそう考えた。自分は、リチャード・バートンの『ハムレット』を見て、シェイクスピアはこういう形でやればいいんだと。いま私がイギリスへ行ったら、新しい役者の新しい『ハムレット』を見て、さらに新しい訳を思いつくかもしれません。そうやって変わっていくのかもしれない。でも、先ほどの数字だけで——数字って一種のマジックかもしれないのですけれども——福田訳を一つの転換点として、逍遙以来途絶えていた上演を前提とした翻訳というものが改めてクローズアップされるようになり、小田島訳が出て、松岡和子訳が出て、福田と仲が良かった私の恩師でもあります安西徹雄先生のシェイクスピアが生れる。四国出身で、そこでシェイクスピアを盛んに自分たちで上演していたという方ですけれども、その方の訳があり、今は東大の河合祥一郎先生の訳がある。河合先生も、おそらく全訳なさるおつもりでいらっしゃるのではないかと思います。

　もしも福田恆存がいなかったら、あるいはオールド・ヴィック劇場におけるマイケル・ベントール演出、リチャード・バートン主演の『ハムレット』がなかったらば、乱暴に言うと、我々は、今日ここでこういう催しをやっていないかもしれない。ここまでシェイクスピアが日本にこういう形で華やかに上演される形で存在しなかったかもしれない。まあ、そんなことはなかったかとも思います。第二の福田恆存が存在したでしょうし、小田島さんがそうなっていたかもしれない。

まさに出口・小田島コンビのシェイクスピアシアターのエネルギーというものは凄まじかったですから、福田恆存のあとを受けてシェイクスピアを日本中に伝播した結果が、五七年間に約一六〇〇公演という、「外国語でシェイクスピアをこんなにやっているところ、他にある?」と言ってもいいくらいの数で、調査もせずにそこまで言うのは乱暴かもしれませんが、年間に数えきれないほど上演されているということでしょう。逆に言えば、日本で海外の他の作家の戯曲、劇作家の作品で、これだけ上演されているのがないということを考えると、福田訳があった立ち位置というか、意味というのが、自ずと見えてくる。少なくともシェイクスピアにどういう上演の可能性があるかが、恆存以降相当に見えてきたと言いうる。それ以降、自由に、自在に翻案がなされ、あるいはアレンジがなされ、アレンジというのは翻案に対して幾つもの作品を、一緒にして一つの作品として上演するというようなこともなされることになってきたのだろう。福田恆存訳は、その豊穣なシェイクスピア劇上演の歴史の転換点になった、まさにピボットになったのではないかと考えられます。

時間が迫っておりますが、劇団「雲」ができて、数年後に劇団「欅」が兄弟劇団としてできました。私の思い出のエピソードになってしまうような話で終わりますが、そのなかで演劇の本質に触れる話ができればと思います。

先ほども触れました「雲」の初演、旗揚げ公演で『夏の夜の夢』で、私は喜劇の楽しさを本当に知ったのかなと思っています。勿論他にもさまざまな舞台の影響を受けたとは思います。ただ、劇団「欅」――これは同じく現代演劇協会傘下に設立されたのですが――昔の「にんじんくらぶ」、「ぶどうの会」の解散を受けて岡田真澄、藤木孝、久米明、そして宝塚出身の鳳八千代、そういう人たち十人余りで結成された劇団です。創立記念公演が福田恆存作の『億万長者夫人』です。これはバーナード・ショーの"The Millionairess"を換骨奪胎して翻案、日本の現代劇として書かれたものです。これが、近頃はやりのお笑い番組のだれた笑いではなく、知的なあるいは言葉の応酬の面白さで楽しませてくれる。客席で非常に楽しんだ思い出がありますす。一分間に客が何回笑うかというのをストップウォッチで測ったという話があるくらい、客席は笑いの渦でした。それよりも、きょうはシェイクスピアの講演の日ですし、「欅」が昭和四四年に上演した『空騒ぎ』――岡田眞澄と鳳八千代がヒーローとヒロインで、素晴らしい舞台を創った。非常に傲慢な言い方をしますが、これを観て、私は「芝居が分っちゃった」と思った、あっ、芝居って、こういうものなんだと。

『空騒ぎ』あるいは『億万長者夫人』、その稽古場で私が見たものは何か、あるいは劇場の片隅で、後ろのほうで眺めていて、楽しかったのは何なのか。「芝居が分かっちゃった」と言うのはどういうことか、お伝えできるか少々不安ですが――芝居そのものの出来が良くて楽しめると同時に、役者がある役を演じることを本気で楽しんでいる姿、形が見えるということです。これは芝居をつくった人たちでないと――今日の最後にお話しになる青木先生のお話し楽しみにしているのですが――そういう立場でないと、なかなか分からないところかもしれないのですが、これが、さっき「本質」と言ったことに繋がる。ただドタバタでおもしろいというのではないのです。役者が、その役を演じて、演じていることを楽しんでいる。楽しんでいる役者が見えるのです。観客席との交流をも楽しんでいる役者の醍醐味を客席にいても味わえるということでしょうか。ここでさっきの引用を思い出していただきたいのですけれども、言葉が行動を生み、観客側にいるハムレットがいたり、観客の反応を見ているハムレットがいたり、操っているハムレットがいたり、これは資料3の『シェイクスピア劇の演出』という論文に出てきますから、後でご覧いただきたいと思います。実は、この講演のために、私、自分の持っているローレンス・オリヴィエに関する著作を全部ひっくり返してみたのだけど、たしかオリヴィエの言葉のはずなのに、どうしても見つからないで、きのうまで悔しくて書棚を探しまくっていたのですが見つからない。もしかしたらオリヴィエではないかもしれないが、こういうことを言っている英国の役者がいます。

例えばハムレットを演ずる役者が舞台に登場する、その時、役者の中に少なくとも三つの自分がいる。一つは、ハムレットになりきっているというか、ハムレットそのものがいる。ハムレットになりきってそこで演じている。つまり、演じたハムレットが、生きているハムレットとなり、舞台でのたうち回り、身悶えたり、そういう生身のハムレット、その第一のハムレットとしての自分がいる。これがお客さんの目に見えているハムレットです。それに対してお客さんが反応してくるわけです。その観客の反応を感知するアンテナを張っている、冷めた役者としての第二の自分がいる。第三に、これがおそらく一番大事でしょうが、福田恆存の言っていることと通じると思うのですけれども、アンテナを張ってそこで受信したものを自分で考えて、「あっ、きょうのお客さん、今のせりふで引いちゃったな」とか、「じゃあ、一歩こっちへ引きつけよう」と思ったり、押しすぎたなとか、ちょっと弱かったなとか、そういうことを考えて、第一の生身のハムレットをコントロールしている自分がいるのだということを言っているわけです。ここに分裂がある、ということを言っています。それを昭和二九年のリチャード・バートンの『ハムレット』で福田恆存は如実に体感したのだろうと、私は確信しております。

これは、ハムレットは生きているか生きてないか、あるいは躍動しているのか、苦しんでいるのか、その身悶えは伝わったのか。つまり、身悶えは、言葉として意味だけ伝わっても、本当に身悶え自体が伝わらなければ演劇とは呼べない。生身の人間が演じる必要がないので、朗読でもいいし、活字でじっくり読んで頂いたほうがいい。それを演じた瞬間に、意味は吹っ飛んで、仮に役者の言葉を聞きそこなって意味は伝わらなかったけれど、そこに身悶えしているハムレットがいれば、言葉が生み出した行動・姿・形、そういうものが舞台に、言葉が生み出した行動を通して表される。それが言葉は行動するという福田恆存のシェイクスピア論、演劇観に通じるのです。

「欅」がやった『空騒ぎ』の記憶に残っているどの瞬間をとっても、役者たちは、そのとき演じていて、観客がそれに乗ってきてくれることを楽しんで、もう一つ自分達も楽しみ観客をも楽しませようとして、劇場全体を盛り上げていく舞台を観ていて、あっ、これが演劇なんだということを、私は理屈ではなく納得させられたわけです。勿論『空騒ぎ』を見る前から、資料にある『翻訳論』と言う論文は読んでいましたし、シェイクスピアの演出に入るときに、これを読み返したりしている。四、五回読んでいるのではないかと思いますが、今回あらためて、あぁ、福田シェイクスピアはここに語りつくされているなと感じたわけです。

役者が演ずることを楽しめる。あるいはもっと言うと、観客の側に立って、ハムレットはこうあってほしいという観客の要請すら引き受けて、それの体現者となって、観客と交流する。あるいは観客代表になったり、観客の要求を舞台に（自分に）伝える役目を自ら担って、今度は自分の側から何か伝えていく。そういう非常にアクティブなものなんだということを、恆存はロンドンで学んできた。そこから、いまのシェイクスピアブームというのがあるのかなということで、今日は終わらせることといたします。

お渡ししましたハンドアウト、全部は読めませんので、資料6に主要な論文、福田恆存がなぜシェイクスピアを訳し、どういう舞台を創りたいと考えたのかが分かりやすく書かれた論文の、代表的なものを四つ挙げてあります、ご興味のある方は、それをお読みいただけば、福田恆存という人間が、シェイクスピアをどういうふうに上演したかったかということが、さらにご理解頂けるのではないかと思います。

どうもご清聴ありがとうございました。

資料2

「シェイクスピア劇のせりふ——言葉は行動する」より

(A)……築地小劇場で薄田研二のハムレットを觀てゐた私は、それが原文に比していかに間のびしたものであるか、シェイクスピアの人物の意思と行動力を抹殺し、彼等をいかに無氣力なものにしてしまつてゐるか、その事に不滿を懷《いだ》いてゐたのである。シェイクスピアはしよせん讀む爲の戯曲に過ぎないのか、昔はともかく今日では上演不可能なものなのか、私はさう思ひかけてゐた。それがさうではない事を教へてくれたのがオールド・ヴィックであり、ベントールであり、當時のリチャード・バートンであつた。

(B)……私が目ざしたのは現代語譯ではない。勿論《もちろん》私は現代の日本人の一人であり、現代の日本語しか喋れもせず書けもせぬ。だからあへて現代語譯を目ざす必要は無い。大事な事は先に述べだ様に寝そべつてゐる様な現代日本語を起上らせ、シェイクスピアの躍動的なせりふの力をどうしたら生かせるかといふ事である。そして、それはシェイクスピアの爲でも、英文學、英語の爲でもなく、現代日本の文學、および現代日本語の可能性の爲なのである。格調があるなどと言はれるとくすぐつたい、私が狙《ねら》つたのはシェイクスピアのせりふに潛《ひそ》む強さ、激しさ、跳躍力、そこから出て來る音聲と意味のリズムである。ハムレットが言つてゐる事を傳へるのではない、ハムレットは今、この時、なぜ、かういふ言葉で、かういふ事を言ふのか、その氣持を傳へなければならない。しかも、一つの行動が他の行動を生む様に、言葉が言葉を生み、喚《よ》び起す様に、その必然性が目に見える様に耳に聞えてこなければならない。ハムレット自身の耳にも聞えてこなければならない。さもなければ、ハムレットは言葉の繼ぎ穂を失つてしまふであらう。

(C)……芝居のせりふは語られてゐる言葉の意味の傳達を目的とするものではない。一定の狀況の下において、それを支配し、それに支配されてゐる人物の意思や心の動きを、表情や仕草と同じく形のある「物」として表出する事、それが目的であり。意味の傳達はその爲の手段に過ぎぬ、さう言つては言い過ぎであらうが、むしろさう割切つておいた方がいい。したがつて語彙や言廻しの平易といふ事はほとんど問題とするに足りぬ。目的達成の爲の効果の方を重視した方がいい。

(D)……「この世のなごり、夜もなごり、死にに行く身をたとふれば、あだしが原の道の霜、一足づつに消えて行く」男女の死出の旅のあはれさに客の心を引きずり込む事が目的であつて、言葉の意味は大よそ、時〻理解出來ればよく、何より大事なのは、その言葉と意味の背後にある哀切な心の動きを聲の形に出す事である。

資料3

「シェイクスピア劇の演出」より

(A)……私はいままでいろいろな機會に、劇における觀客の主體性といふことについて述べてまゐりました。それをもう一度ここで强調しておきたい。ハムレット役者は、ハムレットの僕《しもべ》であるまへに、觀客の僕でなければならぬのです。觀客に劇を創造する主體性を與へるやうに演技しなければならぬのです。

(B)……シェイクスピア劇では、役者は觀客が自己の心理的効果を充實させるため、觀客の身代りとして、舞臺にのぼつてゐるのだといふことを忘れてはならないのです。かれらは觀客の慾望の代行者であります。

(C)……たえず觀客の要求にせきたてられてゐる役者は、自己の肉體をハムレットに預けながら、意識はつねに觀客のものになつてゐなければなりません。といふのは、かれはハムレットでありながら、同時に、その解說者として舞臺と客席との通路に立つてゐなければならないといふことになります。が、それは役者の側から見てこそ解說者でありますが、觀客の側から見れば、もつと能動的なもので、いはば操り手であります。觀客がハムレットを操らうとする行動を滿足せしめるやうに演じなければならぬのです。觀客に代つてハムレットを操らなければならぬのです。そこに分裂があります。役者がこの分裂をあへて見せることによつて、觀客は舞臺上のハムレットを自分の所有に歸することができるのです。

(D)……しかし、この分裂を見せるといふことは、實際にはどうしておこなはれるか。そこに私が演戲と呼ぶものの眞の在りかたがあるのです。ハムレット役者は、いや、ハムレットは、懷疑家であつてはならないのです。懷疑家を「戲《たはむ》れ演じる」演戲者でなければならないのです。不安や苦痛や憎惡や死、それらに弄《もてあそ》ばれるもの、あるいはそれらにたいして、たんなる受動的立場にあるものであつてはならない。

シェイクスピア劇の人物は、ことに主人公はそれではだめです。ハムレットは受動的懐疑家ではなく、積極的に懐疑家を演じうるものでなければならない。それだからこそ、ハムレットの懐疑は行動家に道を通じてゐるのです。

(E)……役者がハムレットやマクベスを操つてゐるおもしろさを観客に終始、感ぜしめてゐなければならないのです。極端にいふと、「そら、これから懐疑家ハムレットをお見せしますよ」「そら、これから弱氣のマクベスを御覧に入れますよ」といつた構へが必要です。役者の側からいへば、それが解說的といふことです。が、その餘裕があればこそ、役者も觀客も、次の段階で行動的なハムレット、ふてぶてしいマクベスに易々として移行できるのです。

資料4　「翻訳論」より

(A)……その根柢には二つの誤解がある。第一に、私達は文章といふものを靜的に捉へがちであり、それが語り手の主觀的な心理、あるいは生理を生々しく傳へる動的なものだといふ事實の見落しがある。

(B)……ハムレットが自分の怯懦《けふだ》を反省する獨白において、あるいは母親に向つてその罪を責め立てる言葉において、私達はその「意味」を通じて彼の心中「考へてゐる事柄」を推測《おしはか》らうとしてはならぬ。ハムレットの言葉はハムレットの口を突いて出てくる、その身悶《みもだ》えであり、身振りであつて、彼はどんなに悲劇的な危機の瞬間においても、自分の言葉が身振りとしての律動に乗つて宙に飛び散つてゆくのを、實はひそかに樂しみ、その樂しみに醉つてゐる。言ひかへれば、さうして醉へるやうに彼は自分の言葉を吐き出してゐるのであつて、何かの「意味」などを傳へようとしてゐるのではない。言葉で自分を鞭《むち》打《う》ち、言葉で自分にまじなひを掛け、さうして自分を言葉の次元にまで引上げようと暴れ廻つてゐるのである。それをまた私は演戲とも呼んだ。

シェイクスピアの飜譯において、一番大事なことは、そのせりふの「意味」ではなく、さういふ身悶えを、さういふ身振りを、彈《はづ》みのある日本語に移すことである。「意味」を傳へることは解釋の仕事であつて飜譯のなすべきことではない。

(C)……だが、はつきり言つて、日本語譯シェイクスピアの大部分は、しぐさを伴はないせりふの羅列に終つてゐる。あるいはしぐさの甲斐のない、あるいはしぐさを殺す、したがつてせりふにならぬ言葉の連續でしかない。役者はさういふ言葉を喋りながら、どういふ顔附をしてゐたらよいのか、目は何處を見つめ、どういふ輝きを湛《たた》へてゐたらよいのか、そして姿勢にどういふ可動力を與へてゐたらよいのか、さつぱり見當がつかぬのである。

(D)……次は「ジュリアス・シーザー」の第三幕第一場でシーザーに最初の一撃を加へるキャスカのせりふであるが、「直譯」すれば「語れ、手よ、わがために！」である。キャスカはその言葉を吐出すやうに言ひながら、シーザーに襲ひかかるのである。いはば、その言葉でシーザーを刺すのである。従つて、このせりふは短劒の動きのごとき鋭く早い身振りをもつてをらねばならず、また役者が激しく襲ひかかれる身體的な身振りを伴ひうるものでなければならない。

Speak, hands, for me!

かうなれば、腕に物を言はせるのだ！　（中野譯）

もう……此上は……腕づくだ！　（逍遙譯）

この手に聞け！　（福田譯）

この場合、言葉は身振りとして、話し手を行動に驅立《かりた》てるものでなければならぬ。キャスカは今、自分で自分を鞭打ち、自分の手足を動かす掛聲を欲してゐるのである。その掛聲が動きに轉じ、そのしぐさがさらに叫び聲を引出すやうな、いはばせりふとしぐさとがほとんど一瞬にして相互に因果をなしうるやうな、さういふ言葉が必要なのだ。せりふが行動であり、行動の尖端にあり、行動のうちで最も行動的なるものであるといふのはその意味においてである。

(E)……他國語を自國語に置きかへることを自分の仕事にする飜譯者は、さういふ亡命者の孤獨の中に暮さねばならない。たとへばシェイクスピアを飜譯してゐるときの私は、日本の中にゐて、日本人に取巻かれ、不自由なく日本語で用を足してゐても、母國ドイツ語を一々英語に直して喋《しやべ》らなければならぬ亡命者ティリヒと同じやうに孤獨なのである。しかも、飜譯者は二重の孤獨にさいなまれる。ティリヒが英語の中でドイツ語の曖昧に氣づかせられ、そして出來るかぎりそれを明確にしようと努めるとき、彼は同時に英語とドイツ語とを「裏切つて」ゐるのであり、また兩者に「裏切られて」ゐるのである。それと全く同様に私はシェイクスピアの英語とそれを譯した私の日本語と、そのいづれからも「裏切られて」ゐるのであり、そのいづれをも「裏切つて」ゐるのである。「裏切る」「裏切られる」といふ言葉が大仰ならば、一口に「はぐれる」と言つてもよい。飜譯者は二つの國語を操りながら、いづれからもはぐれ、自分の言葉を見失ふ。

資料5

『オイディプス王・アンティゴネ』より

「翻訳」は常に自国語によって他国の領土をかすめ取り、そうすることによって、自国語の語義や語法を拡張しようとする文化的・平和的略奪行為である。（新潮文庫『オイディプス王・アンティゴネ』福田恆存訳　昭和59年刊、解題）

資料6

参考論文

「シェイクスピア劇のせりふ――言葉は行動する」～（麗澤大学出版会刊：『福田恆存評論集』第11巻所収・昭和52年執筆）

「シェイクスピア劇の演出」～（同、第19巻所収・昭和32年執筆）

「翻訳論」～（同、第5巻所収・昭和35年執筆）

「醒めて踊れ――〈近代化〉とは何か」～（同、第11巻所収・昭和51年執筆）

第二部　現代日本におけるシェイクスピア

現代日本におけるシェイクスピア上演
――蜷川幸雄、あるいは日本人がシェイクスピアを上演するということ――

野田　学

序

蜷川幸雄は一九三五年生まれ。五五年に劇団青俳に入団。俳優活動を経て、六七年に清水邦夫、蟹江敬三、石橋蓮司らと劇団現代人劇場を結成します。六七年と言えば日本において運動がまさに最高潮に達していた時期。現代人劇場も、新左翼系の見方によればもはや体制と化した新劇の打倒をめざすアングラ劇団として誕生したわけです。

六八年に発表した清水邦夫作品『真情あふるる軽薄さ』で蜷川幸雄は演出家デビューを果た

します。飼い慣らされた家畜のような人々にいらだちアジテーションを行う青年に対して、行列に加わっていた人々がリンチを加えるにいたるこの衝撃的な作品は、最後に劇場内に機動隊そっくりの警備員を乱入させるという演出付きで、いかにも新左翼運動的匂いがします。当時の蜷川の演出ノートには「あやまってたたかえば自滅し、たたかわなければ後衛に転落し、じっとしていれば独占体制内の擬制的な安定によって腐食し、変質してしまう。吉本隆明」（『Note』一一〇頁）と書き込まれていますが、これも当時の新宿的空気を漂わせています。他にもこの演出ノートには「どのようにしたら寓意から遠ざかれるか」「世界がそこにあるように舞台はそこにあるか」「平面的な舞台をどのようにして立体化するか」といった、その後の蜷川の舞台を通底する問題意識が書き込まれています。現代人劇場が解散した後、蜷川は七二年に清水邦夫、蟹江敬三、石橋蓮司らと金を出し合って櫻舎を結成しています。

六〇年代から七〇年代の小劇場演劇をリードする旗手として注目を集めた蜷川に、当時彼らが「商業演劇」と呼んでさげすんでいた東宝から声がかかったのが七四年です。当時東宝のプロデューサーだった中根公夫《ただお》が蜷川をいわば「見い出し」て、日生劇場での『ロミオとジュリエット』演出につながります。櫻社では、これが商業演劇への身売りと目され、劇団の解体に至ります。この解体をめぐってはかなりの激論が交わされたらしく、蜷川だけが多勢に無勢で攻撃されるという構造も相まって、蜷川にとってあとあとまで尾を引く事件となりました。

『ロミオとジュリエット』以来、蜷川は次々とヒット作を生みだしていきます。唐十郎、秋本松代の近松心中モノ、そして井上ひさしから現代の新作まで、日本の作品もやる。ギリシャ悲劇やシェイクスピアもやれば、近年ではカズオ・イシグロや村上春樹の小説の舞台化も手がけています。一〇月一五日が誕生日の蜷川は、今年二〇一四年の現時点においてすでに七九歳ですが、その仕事のペースは全く衰えることを知りません。大概一年一〇本前後を蜷川は近年演出しており、今年に入ってから、すでに九本の演出作品が上演されています。そのうち再演は一本だけという驚異的ペースです。おそらく世界で最も多作な演出家の一人でしょう。

蜷川演出のシェイクスピアは七四年の『ロミオとジュリエット』からすでに三五本演出作がありますο彩の国さいたま芸術劇場で八八年に「彩の国シェイクスピア・シリーズ」が始まってから二七本のシェイクスピア演出があります（二〇一四年一〇月現在）。蜷川のすごいところは、同じ作品を演出しても、再演とうたわない限り演出を変えるという点です。

今日は、この蜷川幸雄のシェイクスピア上演に対する態度を上演や彼の発言などを通して見ていきながら、日本人がシェイクスピアを上演するというのはどういうことなのかを考えてみたいと思います。「どういうことなのか」といっても「どういうことなの？」と思われるでしょうから、少し説明しますと、翻訳劇という意味でのシェイクスピアを日本人が上演する際の一種の「気恥ずかしさ」とでも言うべきものに関して、考えてみたいのです。もちろん恥ずかしくなんかないよ、という場合もあります。宝塚が良い例です。しかし蜷川はどうもシェイクスピアを上演するということに関して、幾層にもわたる気恥ずかしさを感じているようなのです。

シェイクスピアを日本人が上演する際の「気恥ずかしさ」(?)

もっと若い世代の日本の演出家が照れや気恥ずかしさといったある種の抵抗感を感じる場合だってあります。たとえば、シェイクスピアの『マクベス』を大幅に改変した劇団新感線二〇〇六年上演の『メタルマクベス』で脚本を担当した宮藤官九郎。二〇一三年度上半期に放映された『あまちゃん』の脚本を担当し、それ以前からの活躍もめざましいものがあり、今飛ぶ鳥を落とす勢いの作家です。その宮藤官九郎が『メタルマクベス』の公演プログラムにこんな文章を載せています。

制作発表で「マクベスが人の名前だったなんて知りませんでした」と嘘をついてしまった宮藤です。すいません。いくらなんでも知ってましたよ。

シェイクスピアの戯曲は学生のころに数冊読みましたが、正直ほとんど頭に入って来ませんでした。『マクベス』も登場人物が多すぎて、しかもマクベスとマクダフとマルカムが読んでるうちにゴッチャになってしまい、途中で何度も登場人物の欄を参照しなくてはならずイライラしました。ふつう脚本家は似た名前を避けるものです。（……）稽古場でマクダフがマクベスのセリフを言ってしまい、「あ、俺のセリフじゃねえや」と照れ笑いしてゲラゲラ、みたいな光景が容易に想像できます。
すいません。本当に思い入れないですね。（A巻一〇頁）

なんともはすに構えた照れ隠しみたいに読めます。その大前提としてあるのは「シェイクスピアは難しい」とか「わかりにくい」とかいう感覚でしょう。新感線の客筋にシェイクスピアを見せるのだから、それでは困る……という制作側の先入観も見え隠れしますし、わかりやすくするという要請に脚本担当としてこたえなければいけないという宮藤の意気込みもそこにはあるでしょう。

この舞台の名誉のために言っておきますと、『メタルマクベス』は結構良い舞台でした。というのも、この等身大的世界にシェイクスピアの『マクベス』を落とし込むというのが、この作品の主眼としてはっきりしていたからです。たとえば「いいはひどい、ひどいはいい」というシェイクスピアの難解な撞着語法のレトリックには「すっごく疲れているのにセックスしたいってことよね」という台詞が加わる。「やってしまって、それでやったとけりがつくなら、さっさとやるに限る」は「年賀状もそうですよね。早く出さないと出せなくなっちゃう」といった具合に解説がつけられる。わかりやすいわけです。そして、このわかりやすさで、宮藤官九郎は『マクベス』の物語を日本バブル期の獰猛で虚無的な消費主義の中で名声を求めてもがき苦しむ小市民的主人公に重ね合わせたのです。原作におけるマクベスの王殺しは、メタルバンドのスターとパンクロック・グループとの愚にもつかない小競り合いと重ね合わされます。原作のダンカンに相当するレスポール王は、殺される直前にマクベスにあたるランダムスターにこう問います。「君はなぜ戦うのかね。祖国のためではないだろう。家族のためか？いや、違う。君は人殺しが好きなのだ」。小市民的世界だからこそ、このように臆面もなく「わかりやすい」テーマ表明ができたのでしょう。

宮藤官九郎の話が長くなりましたが、彼がシェイクスピアに対して見せた一種の「照れ」は、蜷川幸雄にも当てはまります。蜷川は、やはり二〇〇六年に上演されたシェイクスピアの『コリオレイナス』公演プログラムで、翻訳劇をやる気恥ずかしさについてこんな文章を載せています。

翻訳劇をやるとき、日本人の我々が外国人を演じる恥ずかしさは常につきまといます。たいてい冒頭や劇の途中、ラストなどに我々日本人が演じていますよという劇中劇的な構造を示しています（……）。それが日本人が外国人を演じる基本的な態度だと考えます。

ここで重要なのは、蜷川が、日本人が西洋の翻訳劇としてのシェイクスピアをやる以上、そこには日本人が演じるという意味が込められていなければならないと考えているということでしょう。それから、もう一つ。日本人がシェイクスピアを演じるということをあらわす際に、蜷川シェイクスピアは劇中劇構造をとるということです。

翻訳劇を上演する際のこの気恥ずかしさは、蜷川の色々な発言において表れています。一九八〇年に日生劇場で上演された『NINAGAWAマクベス』。二人の老婆が客席後方からやって来て、舞台の仏壇の扉を開けるというオープニングのこの作品は、「仏壇マクベス」と呼ばれることになります。時代的にも日本の中世に移し替えられた「仏壇マクベス」では、桜吹雪、歌舞伎風の所作などなど、ジャポネスクな記号がこれでもかというほどに導入されました。この舞台は八五年八月にアムステルダムとエディンバラをツアーし「サムライ・マクベス」としてヨーロッパの演劇マーケットにおける蜷川の評価を決定づけた作品です。この「仏壇マクベス」に関連して、蜷川は「外国人を外形的に物まねする空々しさ」について八六年にこう語っています。

金髪のカツラやタイツ姿は、ぼくには気恥しさを感じさせます。それだけでぼくは劇から疎外されるような気がします。このようにぼくはいまいったいくつかの問題を解決するプランを考えなければなりません。例えば、それが『マクベス』の場合は仏壇だったのです。(『Note』二八六頁)

これを読むと、金髪かつら、付け鼻、そしてやたらと濃いメイクというイメージだったかつての「赤毛モノ」翻訳劇の時代に対する蜷川の強い抵抗感がよく分かります。「仏壇マクベス」では、舞台の額縁を仏壇に見立てたという趣向そのものが、「我々日本人が演じていますよという劇中劇的な構造」になっていたということでしょう。

反教養主義と西洋へのコンプレックス

この劇中劇構造は、教養主義的ないしは高級で、いささかスノッブなシェイクスピア観を破壊する試みだったと、蜷川は述べています。一九七四年、蜷川が商業演劇で初めて演出をした作品であり、また蜷川初のシェイクスピア演出作品でもある『ロミオとジュリエット』について。彼は二〇〇〇年代初頭から振り返って、聞き手の長谷部浩にこう語っています。

その当時、僕の演出に露悪的なところがあったとしたら、ある種の教養主義からシェイクスピアを解放しなければいけないという役割を、どうしても持たざるをえなかったからです。それまで日本で上演されてきたシェイクスピアは、圧倒的にイギリスの舞台のコピーが多かったわけですから、違うことをやらなければいけない。だから、初期のシェイクスピアの演出は、露悪的なところを入れて、余計に壊していた。壊しすぎるくらいに壊さないと意味がないと思っていたんです。（『演出術』二六七～六八頁）

ここで注目したいのが、どうもこの反教養主義的な露悪的破壊衝動とでもいうものが、ヨーロッパ演劇や日本の歌舞伎といった、長い歴史を誇る演劇に対する蜷川のコンプレックスと結びついていることです。これは『NINAGAWAマクベス』から二〇年後の二〇〇一年に新演出の『マクベス』を上演した後に蜷川が述べていることで、そこではこのコンプレックスを世代的なものと彼がみなしていることがわかります。

正直いって、平幹二朗さんたちの世代は、ヨーロッパ演劇あるいは歌舞伎に対するコンプレックスが相当ある世代でした。もちろん僕もそうですよ。ところが、今や、そんなコンプレックスとは無縁な世代が出てきた。一番気づいていないのは当人たちかもしれない。

それは唐沢〔寿明〕さんの演技の乾きぐあいだとか、思い入れのなさとか、切り替えていく速度を見ていると、もはや翻訳劇の言葉を語っている俳優ではないんですね。（『演出術』二五六頁）

このコンプレックスにはあまりに色々な要素が入りこんでいるようであり、それを全部説明するのは、蜷川本人ではない私には荷が重すぎます。しかしこれが、蜷川の西洋的洗練に対する対抗意識と結びついていることは容易に理解できます。彼は色々なところで、趣味の良い知的な西洋演劇に対するアンチテーゼとして自分の演劇はあるのだということを述べています。例えばこんな具合です。

外国の巨匠たちの演出は、ストイック過ぎるんだ。ピーター・ブルックもストレーレルも、ハイナー・ミュラーも、何てヨーロッパ的で趣味がいいんだろうと思います。そしてエッセイのような観念の操作。向こう側からこちらへ激しく飛び出すとか、そういうものはないんです。何だ、ヨーロッパの前衛ってこういうものなのかと、僕にとってはショッキングだった思いがあるわけです。それは太陽劇団を観ても、日本で想像していたより、はるかに洗練されているわけです。こんなに上品なものなのかと驚いた。そういうヨーロッパの前衛に対するアジア的な対抗意識が、はっきりある。観客席で見ていても、ヨーロッパの舞台はちょっとデザイン化され過ぎだよなという印象がどうしてもあるんですよ。五感を使っていないその種のヨーロッパの前衛は本当に美しい。でも僕にはそれが、最終的には知的な演劇で終わってしまうような気がしてならないんです。（『演出術』二〇一頁）

蜷川は、こういう西洋の錚々たる前衛演出家達がくりだす知的で美学的なシェイクスピア上演を求めようとしません。これはもちろん蜷川の舞台が視覚的に美しくないというわけではありません。彼は「目の快楽」というものが大切であるということを何度も述べてきました。

それでは蜷川にとって、西洋と東洋のバランスがとれた舞台のモデルたりうる公演はあったのでしょうか？　その一つに、暗黒舞踏の土方巽があるでしょう。蜷川は、土方巽が一九七二年に二七晩連続で上演した『四季のための二十七晩』や、西武劇場でやった『静かな家』のリサイタルの観劇体験をこのように振り返っています。

「日本人の記憶を再組織している、なんてすごいんだろう」と思ったのを覚えています。たとえば頭の上に乗せている布団からはみ出した綿だとか、頭の上に乗っけている草花だとか、褌だとか、出てくる大八車だとか、そういう日本的であったり前近代的であったりもするキーになるイメージを使いながら、その色彩は原色の氾濫なわけです。けれども、土方さんが裸の上に白い褌をして、長い髪の毛を結って、腰に布を巻くと、紛れもなくイエス・キリストに見えてしまう。純日本的な、前近代的なものを使いながら、ヨーロッパのある高みまで一挙に飛んでしまう。この日本と西欧が通底していくところは（……）僕にとって、ものすごく魅力的だったわけです。（『演出術』八二～八三頁）

つまりそこには、洗練された西洋と、前近代的で土着的な日本というコンプレックスにも似た枠組をあえて自らに課すことによって、東西の差異を飛び越えてしまうところがあったというわけですね。そのためでしょうか、蜷川は「上品」で「洗練」されたヨーロッパの前衛のあり方よりも、猥雑な雑音に満ちた空間を提供します。たとえばチェーホフの作品と、シェイクスピアの『リチャード三世』のような作品とを彼が比べる発言があるのですが、そこで彼はシェイクスピアをボクシングに喩えて、「血が荒れる」、「すさむ」、「権力争いでも、殺人まで行く」、「きれいな言葉はもう本当に美しいけれども、罵倒にしてもものすごいし、どぎつい」、「へとへとになる」、「荒っぽい」と形容しています。その後彼はこう続けます。

シェイクスピアの台詞は、そのときの役者の都合で増やしたり、お客とじゃれあったりしながら、成立したものだと思っていますから。台詞をひとつひとつ議論しても、仕方がないんじゃないかと、ときどき思いますね。性的なほのめかしもたくさんあるし、いわば、雑なんです。それを全部、近代的知性で読み解こうとしても無理な部分もある。逆に知性では割り切れない飛躍が、面白いところでもある。（『演出術』一〇～一一頁）

このように雑然としたシェイクスピアには、知的で洗練された演出よりも、むしろ蜷川が言うところのアジア的で猥雑な雑音に満ちた演出の方が有効なのではないかということなのでしょう。もっといえばシェイクスピアは洗練された西洋ではなく、むしろ雑然としたアジアに近いということを彼は言いたいのでしょう。

逍遙にまでさかのぼる「雑然としたシェイクスピア」観

このようなシェイクスピアの見方は、蜷川に始まったことではありません。例えば一九一六年（大正五年）に坪内逍遙が書いた文章「何故に日本人が沙翁を記念するか」を見てみましょう。ここで逍遙はシェイクスピアの雑然とした作劇法は、日本の歌舞伎や浄瑠璃にむしろ似ていると評しています。

東西古今の種々の劇の中で、何處の國の脚本が、比較的最も多く沙翁劇に（……）似てゐるかといふと、少くとも其不羈自由な手法、其時代世話の混淆、其厳粛と戯《ぎ》謔《ぎやく》との雑揉、其残酷をも野鄙をも避けぬ放縦乃至其観物的要素や音楽的要素の豊富さ及び作全体を掩ふ客観性といふやうな點に於て、我が歌舞伎や浄瑠璃が、頗る善く沙翁劇に似てゐるのである。（七五五頁）

積極的西洋化を国策として推進した日本が国際的地位を上げていた一九一六年の気運が、シェイクスピアはむしろ日本の演劇に近いのだという感触を逍遥にもたらしたということでしょう。これに加えて逍遥は、シェイクスピア劇は西洋演劇の伝統においても、メインストリームから外れた「継子」だったと述べています。

沙翁劇は、厳密に言ふと、西洋劇界の継子なのである。獨逸人や佛蘭西人や伊太利人や露西亜人と反が合はぬばかりでなく、或ひは厳密に言つたなら、現代の英国人や米国人とも反が合はぬかもしれない。（七五二頁）

以下、逍遥は、本来「理智的」な傾向を持つ西洋の感受性よりも、それに比べて反理智的な日本の感受性の方がむしろシェイクスピアを受け入れるのにふさわしいと述べています。この逍遙の議論は、日本と西洋との本来問題含みであるはずの文化的距離を、奇妙に埋めてしまっています。シェイクスピアを西洋演劇の中での古典でありながら、むしろ西洋演劇の伝統の中で亜流であると位置づけることによって、坪内は日本の西洋受容面での適応力を確認する。それと同時に、彼は西洋への完全な同化を拒否している。シェイクスピアは西洋において冠たる名作古典を生みだしたではないか。しかし「本場」西洋においてシェイクスピアは、常にメインストリームではない例外的な存在として扱われてきたではないか。その証拠に西洋でシェイクスピア的演劇は二度と現れたことがないだろう。いわばシェイクスピアは西洋の文学的伝統において、絶大な賞賛を受けながらも、結局は中心ではなくて、隅っこにある存在なのだ。翻って日本はどうだ。西洋を中心に考えれば地理的にも文化的にも世界の隅っこにある日本だが、この辺境の国こそが最もシェイクスピアに近い演劇を生みだしてきたのだ。だから二〇世紀はじめの世界において、日本演劇こそがシェイクスピアに最も近い位置を占めるべきなのである——というのが逍遙の口ぶりに含まれている意味でしょう。辺境的存在なのに、中心的であるる、ということです。

蜷川の言いたいこともこれに似ているでしょう。彼にとってシェイクスピアは雑で野蛮なところを多分に含んだ作家なのです。それなのに、西洋の前衛はシェイクスピアをまるで洗練された知的遊戯のように上品にしてしまう。一九六八年に頂点を迎える六〇年代の政治的激動の中で生まれてきたフランスの太陽劇団でさえそうだ。これらは知的な演劇で終わってしまう。蜷川自身は「だから洗練はしない。それで、洗練しそうだなと思うと必ずUターンしている」と述べています（『演出術』二〇二頁）。これも西洋的洗練知的演劇にたいするアジア的対抗意識なのだと考えればわかりやすいでしょう。

大衆の側へ——寓意やメタファーの排除

このような「高級なシェイクスピア」をアジアの大衆側に引き寄せて破壊してしまうというやり方は、蜷川のシェイクスピア作品を観るよりも、二〇〇五年の蜷川演出による井上ひさし作『天保十二年のシェイクスピア』を観る方がわかりやすいかもしれません。この舞台は冒頭から「もしもシェイクスピアがいなかったら」という曲の合唱があります。そこではシェイクスピアが日本の英文学者や出版社のみならず、演劇プロデューサーにとっても「飯のタネ」であることを、井上ひさしは実に小気味よい歌詞に仕立ててあげてくれています。舞台では、天保期の汚い格好をして、まさに西洋的洗練の対極にあるような日本人達が舞台上に現れて、観客に肥をぶっかけていきます。舞台上にはギリシャ風の大理石の柱が立っているのですが、俳優達はそれをのこぎりでちょん切ってしまいます。これぞ蜷川式のアジア的抵抗の形なのでしょう。

この抵抗のひとつの形として、蜷川は寓意やメタファーを舞台上から排除するという姿勢を取ります。蜷川自身こう言っています。

『マクベス』の魔女は、魔女として「いるんだ」って思いたい。たとえば『テンペスト』のキャリバンにしても、邪悪な精神を持った怪獣と人間の両方の要素を持っている。それは何かの寓意とかメタファーではなくて「いるんだ」って考えたいわけです。ですから、プロスペローの病んだ精神が、キャリバンをそう見てしまったのだと設定することはない。「いる」って考えればいいじゃないかと僕は思う。シェイクスピアをそのままやれるか、近代という病に置き換えてやっていくか、そこが大事な分かれ目なんです。（『演出術』二三四頁）

この発言は、俳優を個人として大事にする蜷川らしいものだとも言えます。舞台上に出ている以上、どんな端役だって生身の人間として存在しているのであって、決して寓意やメタファーに還元できるものではない、ということでしょう。さらにいえば、寓意やメタファーをこれ見よがしに舞台に突っ込んでくるのは、西洋的な知的洗練がもたらす演出家のエゴである、ということでもあるでしょう。

これはもちろん戯曲を「そのままやる」ということではありません。蜷川は基本的に台詞をカットしたり再構成したりするのを嫌う人ですが、彼の舞台にだって、演出家としての解釈的介入はあります。しかしそれは寓意やメタファーというよりはむしろ、想定している観客が日常生活において出くわしているようなモノをそのまま持ってくることによって、観客が作品を自分自身の生活に引きつけ、意味的重層性をもたせるいわばきっかけとして使うことが多いようです。一例を挙げますと、二〇一二年に彼が演出した『シンベリン』です。この舞台では、幕切れの場面で、原作では杉の木とかいてあるのが、松の木として登場するのです。これが、二〇一一年三月一一日の東日本大震災のあと、津波にめげずに一本だけ残った陸前高田の「奇跡の一本松」をあらわすことは明らかでした。私は、この松は、希望を表していると同時に、能の『松風』におけるような「待つ」という行為としての松にもなっていると思いました。いつまでたっても帰ってこない貴公子を待っている海女の姉妹。あたりには松風ばかりが残っているというこの曲では、決して実ることのない恋の切なさが松風という雰囲気になって充満していいます。これは、震災後の復興への不安、そして放射能漏れというういつ決着がつくともしれない問題への不安を表している。『シンベリン』の松の木には、復興への希望と、先行きへの不安が重ね合わされていたように見えたのです。これを蜷川さんにお会いした時に言ってみたら、彼はしばらくあって、「自分は何らかの意匠として舞台でモノを使うことはしない」と言ってきました。松の木を出したのは、それが観客の生活の中にあるものだからだ、というんですね。だからそれを演出家の意図した寓意やメタファーとして読み込むのはやめてくれというのが、彼が暗に言おうとしていたことだろうと思います。

『シンベリン』の松の木の読み方に関して、私は別に撤回するつもりはないんです。観ている客の一人である私にそう見えたというのは事実ですから。むしろこの件で申し上げたいのは、蜷川の場合、演出によってコントロールされた介入としてのメタファーを舞台に組み込むというより、むしろ観客が自分の生活の中で見出すであろう何かと作品との連想関係を喚起する起爆剤として、松の木なら松の木を放り込んでくるということです。それを、どう作品の読みと結びつけるかは観客の勝手である。しかし自分は結びつきそうな感覚がある。演出家としてはそれはそれで十分「アリ」の考え方だと思います。

蜷川の考える「観客」

では、蜷川の考える観客というのはどういう人たちなのでしょうか。ここに一九六〇年代末から七〇年代初頭における政治運動の時代における日本の大衆のあり方を読み込むことはできるでしょう。例えば、この時代の運動青年に対して大きな影響を及ぼした吉本隆明の「大衆」

という概念を蜷川は使っています。一九七四年、蜷川は、最初の「商業演劇」演出となった『ロミオとジュリエット』において、マキューシオとティボルトの死を悼んで、二つの集団に激しい叫び声をあげさせたのですが、これについて訊かれた時、勤勉かつ寡黙に生きた洋服の仕立て職人を父に持つ出自に触れた後で彼はこう言っています。

吉本隆明さんの影響も当然あるでしょう。大衆の原像というと大げさですけど、作品を自分の出自に戻す感じはあるかな。「あなたたちのことを僕はわかっていますよ」と、生活者の嘆きを入れたくなるんです。でもそれは、僕の羞恥心を刺激することでもあるんです。（二七一頁）

吉本隆明の「大衆の原像」とはなにか。吉本自身はたとえば「情況とは何かI――知識人と大衆」と題された文章の中でこういう使い方をしています。

丸山真男がとっている思考法のなかに刻印されているのは、どんな前進的な姿勢でもなく、じつは、知識人の思想課題であり、また戦争があたえた最大の課題である「大衆の原像をたえず自己思想のなかに繰り込む」という課題を放棄して、知的にあるいは知的政治

集団として閉じられてしまうという戦前期の様式に復古しつつある姿勢なのだ。（一〇〇頁）

これを見ても、吉本のインテリ層に対するいらだちと、蜷川の西洋的洗練に対する対抗意識とを重ね合わせることができるでしょう。蜷川はよく「生活者」という言葉を使うのですが、特に商業演劇に活躍場所を移して以降の蜷川は、この「生活者」としての大衆を自分の対象とする観客として定めていたように思います。そして自分もその大衆の一員であるということをさらに強調してきました。

これをあながちポーズと断じる訳にはいきません。一九七二年の浅間山荘事件と、それに伴って明らかになった連合赤軍の残虐な粛正事件は、蜷川だけではなく、それまで政治的活動を盛んに行っていた学生に対して支持を表明していた多くの人々に大きな幻滅をもたらしました。七二年の清水邦夫作、蜷川演出の『ぼくらが非情の大河をくだる時』はまさにこの事件を描いたものでしたし、翌年の同コンビによる『泣かないのか？　泣かないのか一九七三年のために？』は、櫻社の最後の作品となった舞台でしたが、題名が示すように彼らの大いなる幻滅を表明しています。それまで活動拠点としていた新宿には、もはや蜷川が見出そうとするような吉本隆明的「大衆」が観客としていなくなってきていたという感じがあって、蜷川は商業演劇の誘いにのり、七四年に『ロミオとジュリエット』を日生劇場で演出したのではないかと私は考えています。多様な集合体としての「大衆」をもとめられるのは、むしろ商業的劇場なのではないかと。

蜷川の場合複雑なのは、この大衆を求めようとしての商業劇場進出が、新左翼運動の挫折と、それに伴う自分で自分を罰したいという気持ちとリンクしていることです。『NINAGAWAマクベス』を振り返って、蜷川はこう述べています。

> 初演の時には、新左翼の連合赤軍のような戦闘的革命集団が、なぜ内部リンチのような陰惨な物語に入っていったのか、そういう自分の中で整理できていないわだかまりを、マクベスに重ねていました。（『演出術』二三一頁）

この新左翼運動の挫折は、運動が高揚していた時期にあって、演劇という「ポップな遊び」をしていたに過ぎない自分を罰したいという欲望と結びついて、『NINAGAWAマクベス』につながったのだと彼は説明します。つまり、冒頭で老婆が仏壇を開けるという仕草は、単純に老婆を楽しませる「のぞきからくり」として仏壇があることを示しているんだというのです。

あの老婆は、ある種の後ろめたさの象徴なんです。普通の生活者を置き去りにして、ポップな遊びをやっていた。生活や歴史から遊離してしまった。そんな政治青年の自己嫌悪の象徴なんですよ。「自分のやってきたことなんて、たんなるゴミでしょ」「芝居なんて、普通の生活をしている人にとっては、なんでもねえや」と相対化してしまいたい。それを老婆の姿をとおして言わせたかったんだろうな。あの老婆達は歴史的な時間の堆積を現していて、その視点から裁かれた時に「小さなラディカリズムなんてゴミみたいだ」と言われたかった。自己処罰したかったんだろうと思います。（『演出術』二三二～二三三頁）

二〇〇〇年代初頭においても蜷川はまだ、吉本のいう「大衆の原像」を追い求めながらも、結局はそこから遊離していた自分を責めているようです。だからこそ、彼は自分が生活者としての大衆の一員であることを、自分を納得させるためもあるのでしょう、何度も強調しているんだと思います。

このような複雑な蜷川のルサンチマンのあり方は、蜷川の原動力の一つです。そしてまた同時に、このようなルサンチマンのあり方が、彼の後続世代にとって少し遠いものに思われたとしても、不思議ではないでしょう。劇団新感線のいのうえひでのりは、蜷川のこのような姿勢を評してこういうことを言っています。

ぼくらは高度成長期に育って〝すくすくとんとん〟という世代だから、作品に社会的な怒りとか問題意識とかを盛り込むことはあえて避けてしまいがちです。知識としては分かっても体験していないから、そういうものを盛り込むと嘘になってしまうと思うんですね。蜷川さんの演劇を見ていると、60年代からずーっと闘ってこられたのだと思います。闘うことで生きるエネルギーを燃やしているんだなと。仮想でもとにかく敵をつくり、そこに向かってエネルギーを放射しているんですね。（蜷川演出『恋の骨折り損』プログラム）

いのうえひでのりは一九六〇年生まれですから蜷川の二五歳下、私より三つ上です。年が近いというのもあって、このいのうえひでのりの蜷川観には私としてもうなずけるところがあります。仮想敵の設定と、それに対するエネルギーの放散が、蜷川の慚愧に満ちた「戦う姿勢」の仕組みなのでしょう。

おわりに

蜷川の反インテリ的シェイクスピアは、蜷川幸雄という人物の半生の産物です。蜷川は民衆が見せる猥雑なヴァイタリティを尊重し、群衆を舞台に載せることで彼らの存在感を祝祭的に演出することを得意とします。彼のシェイクスピアも、常にこの民衆を念頭に置いた、民衆を理解する作家の作品としての演出作品であると言っても良いでしょう。しかし、蜷川はこのような民衆を単なる原初的活力の源としてのみ捉えようとはしていません。蜷川の演出において、民衆は特権的な登場人物との刻々と移り変わる力関係の中で、間断なく交渉を行おうとするずるがしこくもふらふらとした存在でもあるのです。蜷川演劇の場合、集合的活力体としての民衆は、猥雑さと愚かさとを併せ持ちながらも、あくまで英雄的な主人公たちに拮抗しえます。その点で民衆は、単に登場人物を翼賛する存在ではないのです。

このような民衆の舞台化を、観客は自分たちのうつしとして見ることになります。蜷川が、そもそもの伝説的演出デビュー『真情あふるる軽薄さ』において、明確に観客を巻き込む形での政治性を志向したのは有名ですが、最近の演出においても彼はしばしば、観客の写し絵としての舞台を強調しようとする仕掛けを用いています。二〇〇四年の『タイタス・アンドロニカス』では、幕開け前に俳優のウォームアップを舞台上で見せました。また二〇〇七年の『コリオレイナス』では、鏡緞帳をおろして、幕が上がる前に観客に自分の姿を見させました。そこで使われるのは巨大な階段舞台です。それは階級を強調しつつ、大きな舞台を埋める格好な舞台なのです。平民と特権階級達との間で刻々と移り変わる力関係の視覚的描写にも、この階段舞台は貢献しています。最新作の『ジュリアス・シーザー』でもこの階段舞台は用いられました。この点で蜷川は七九歳の今でも、いささか自虐的内省に満ちた部分を失わない、運動青年であり続けているようです。

引用文献

宮藤官九郎　劇団新感線公演　宮藤官九郎・作、いのうえひでのり・演出『メタルマクベス』（東京・松本・大阪、二〇〇六年）上演プログラム。

坪内逍遥「何故に日本人が沙翁を記念するか」（大正五年／一九一六年）『逍遥選集』第十巻、東京・春陽堂、一九二七年。

蜷川幸雄『Note　1969～2001』東京・河出書房新社、二〇〇二年（文中では『Note』と略記）。

――――『コリオレイナス』公演プログラム、二〇〇六年。

――――『恋の骨折り損』プログラム、二〇〇七年。

蜷川幸雄、長谷部浩『演出術』東京・紀伊國屋書店、二〇〇二年（文中では『演出術』と略記）。

吉本隆明「情況とは何かⅠ――知識人と大衆」、『自立の思想的拠点』東京・徳間書店、一九六六年。

私のシェイクスピア料理法

青木　豪
（聞き手）井上　優

井上：いまスクリーンでご覧いただいておりますのが、青木豪さんのホームページになります（章末参照）。青木さんの活動、活躍について、最新作までまとめられております。一番最近の作品が、文学座公演の『天鼓《てんこ》』という作品です。その前ですと、二〇一四年一月『9 days Queen 九日の女王』とありますが、これは堀北真希さんの主演で上演された作品です。

このように青木さんは、あるいは劇作家として、演出家として、そして二〇〇九年までは劇団グリングの主宰者として、ほんとに多方面でご活躍されている方です。そして今年からは明治大学文学部の兼任講師として文学部の学生たちにもご指導いただいている青木さんにこれからお話を伺いたいと思います。

青木：はじめまして、青木です。よろしくお願いいたします。（拍手）

井上：青木さんが最初にシェイクスピアに取り組まれたのが、二〇〇五年四月の演劇集団円の『東風《こち》』という作品だそうですが、これは私も知らなかったのですけれども、『テンペスト』を素材にしたということですが、どういういきさつだったのか、お話しいただけますか。

青木：僕は、明治大学に昔、通っていまして、三年生のときに演劇集団円の研究生になったんです。朝七時から翌朝三時ぐらいまで、当時の円は、小道具を作ったり、衣装を作ったりというような完全拘束体制が敷かれているところでございまして、学校にはほとんど出られず、今こうして明治で「先生」と言われると、申しわけございませんという気持ちになります。三年のときから円の研究生として一年ぐらい演出部で過ごしていたのですけれども、見ているうちに出たくなってしまいまして、そのあと演技部に転部して三年間ぐらいいたんですが、お前はあまり芝居もうまくないのでということなのか、演技部に残れずじまいでございまして、円に対する非常に強い恨みを持って（笑）、その後過ごしておりました。三〇歳になったときに誰も僕を役者として使ってくれなくなったものですから、自分で書いて、演出して出る以外に場所がなくなったので、とうとう劇団を旗揚げしてしまいました。学習塾を舞台にした芝居で、最初「オカマの塾長」という役で出たはずなんですけど、緊張のあまり出るたびにキャラが変わっていくんですね。どんどん普通の男になっていって、そのときに出たほかの奴らに「おまえ、二度と出るな」と言われ、それから作家か演出家に専念することになったんです。

二〇〇五年に、円のほうからありがたいことに、作品を書かないかというお話をいただきまして、あれだけ恨んでいた円に自分が戻っていくというのを考えた時に、そんなストーリーがどこかにあったなと思って。『テンペスト』という作品は、プロスペローの魔法によって船を転覆させて、自分が流された小島に弟とか一緒にいる人たちを呼び寄せて、「昔いろいろあったけど、もういいじゃないか。」というお話なので、これは円に書くのにふさわしいなと思ったんです。『東風』は、伊豆大島に舞台を移しまして、伊豆大島で民宿をやっている女性がいて、それと昔、男を取り合った女というのが、偶然、その民宿の息子と、たまたま旅行で来た娘が恋仲になって、どうも結婚したいというので、かつてのいさかいはいいんじゃないかというのに至るまでの話として書いたものです。

井上：おわかりだと思いますけど、『テンペスト』という作品は、始まり方は復讐劇になってもおかしくないような展開なんですね。最後、和解して終わるという終わり方で、まさに演劇集団円を飛び出した青木さんが、演劇集団円に戻ってきて和解するという、いわば個人の物語を掲げようという意図があったんですか。

青木：そうですね。恨み辛みを書こうと思って（笑）。
井上：でも、和解しちゃったら、恨み辛みにはならない。
青木：そうですね。よかったねという話に。
井上：いまのが最初のシェイクスピアを取り上げた作品ということになりますが、青木さんは、演出家としてシェイクスピアに取り組んでいらっしゃる場合と、脚本家としてシェイクスピアの作品を脚色する、翻案するという形で取り組んでいらっしゃる場合と二つあります。最初は、演出の話から伺おうかなと思うのです。

演出されているのが、昨年、二〇一三年にやったのが、D-BOYS STAGE『十二夜』、さらにその二年前、D-BOYS STAGE『ヴェニスの商人』という二つの作品です。D-BOYSというのは、ここにいらっしゃる方はあまりご存じないかもしれませんけれども、若い非常にハンサムな俳優たちの集団です。ですから客席を占めるのが、すごい若い方ばかりのところです。そういうふうなところでシェイクスピアをやるということですけれども、どういうきっかけで青木さんにシェイクスピアの演出の依頼が行ったのでしょうか。
青木：ネルケプランニングさんという『ミュージカル テニスの王子様』などをプロデュースしている会社と、その前に何度か仕事をさせていただいていて、ネルケさんの紹介で、依頼されました。D-BOYSというのはワタナベエンターテインメントさんの若いイケメンたちの俳優集団としてスタートしたんですけれども、そこがD-BOYSたちでステージをやるというのを、ずっとやっておられまして、D-BOYSで全員男でシェイクスピアに挑戦したいというので、『ヴェニスの商人』にしようと、そのときすぐに思ったんです。

井上：すぐ思った理由は？

青木：僕、シェイクスピアは、どちらかというと悲劇のほうが好きだったんですけど、悲劇だと、タイトル・ロールとその周りしか目立たない。だから『マクベス』だったら、マクベスとマクベス夫人と、あと二、三役は目立つけど、あとはそんなに目立たないな。『ハムレット』も、ハムレットとオフィーリアと四、五人ですよね。出てきた人をみんな目立たせたいので、群像劇のほうがいいなと思ったんです。喜劇がそんなに得意でなかったので、どうしようかなとかいろいろ悩んだんですけど、『ヴェニスの商人』は当時、蜷川さんがまだ手をつけてなかったんです。なので、やっても絶対比べられないなとか、演出をパクッたとか言われないで済むなと思いまして。かつ、『ヴェニスの商人』は子どもの頃に見たことがあって、劇団四季で日下武史さんと、影万理江さんがポーシャをやられたのを見ていて、そのときに日下さん、最後すごくかわいそうだったんですね。これは僕の憶測でしかないのですけれども、それまで蜷川さんがヴェニスをやっておられなかったのは、「無理矢理改宗させられる」というシーンがお嫌だったのではないかという気がするんですね。僕もキリスト教に変えろと言って、そもそも金を借りたのはテメエのくせにというところが許せなくて、こんなひどい芝居はないなと思っていて、日下さんが演じるシャイロックは、すごくそれがかわいそうで。でも、だったらむしろ我が事として、この『ヴェニスの商人』を、日本人の物語として演出できるのではないかなというのがあったものですから、それで『ヴェニスの商人』をやらせていただきました。

井上：ご存じの方も多いと思いますけれども、『ヴェニスの商人』の主役ではないのですけど、シャイロックというユダヤ人の商人が金貸しをしていて、キリスト教徒と敵対するということで、劇中非常にいじめられて終わっていく。シェイクスピアの時代でしたら、ユダヤ人は敵対する宗教でしたから、ただ単に悪い奴で終わればよかったのですけれども、シェイクスピアの筆も冴えていまして、単なる悪役ではないんですね。非常に同情できる悪役としてシャイロックというキャラクターが造形されていて、日下武史さんも、同情できるシャイロックとしていて、そこに焦点があったということですね。

青木：はい。

井上：青木さんの演出では実は、シャイロックをやっていたのは、D-BOYS の若い俳優たちではなくて。

青木：酒井敏也さんという、僕にわりとよく似た。

井上：そうですね。大変個性的なというか、ある意味、イケメンたちの中に混ざると、ちょっと普通に違和感のあるような人ですね（笑）。

青木：日本で『ヴェニスの商人』でシャイロックをやられていた役者さんといえば、僕はすぐ市村正親さんの顔が浮かんだんです。どちらかというと外国の顔かなという。まず僕は、シャイロックを演じる役者さんを、「ザ日本人」という顔の人にお願いしたかった。D-BOYSの人たちは若くてハンサムなので、そうではない、どこから見ても日本人という人に和服を着ていただいてやりたいというのが、まずありました。

さっきの野田先生のお話にもありましたけど、僕も、外国のことをやるのがちょっと恥ずかしいというのがあったのと、シェイクスピアを見に来たときに、わかりにくいんじゃないかと若い子たちは思うのじゃないかというのがあって、難しくて全部寝てしまうのではないだろうかとか思われたらいやだなと思っていたので、全体的に劇中劇というか、まず「これはお芝居です」という言い訳をしてからやろうと思って、大学生が大学の講堂で『ヴェニスの商人』を演じているリハーサルであるという体で、そういうセットを組んで、全員何となくいま風な服を着ていて、何かエチュードをしているうちに自然と始まるというような感じで演出しました。

井上：だから、若い青年たちが演じているというのが自然に見えてくるというような――。

青木：そうですね。

井上：実は、『ヴェニスの商人』というのは、有名な三つの箱選びの場面というのがあります。金銀鉛の三つの箱の中に、意中の人の姿があれば結婚できるという親の遺言で、ヒロインは苦しめられているという設定なんですけれども、あれがロッカーになっているんですね。

青木：はい。大学のロッカーを、金と銀と銅に塗って、中に全身タイツを着た奴と、ポーシャの写真と、あと何だったかもう一個入れておいたんです。それを開けるという感じで。

井上：ドクロの衣装を着た人が踊って登場したりとかして。

青木：はい。ポーシャの写真は、僕の写真を入れておいたことがあったんですよね（笑）。役者が笑うと怒るという、そんないたずらをしたり。

井上：それは予告なしでやったんですか。

青木：はい。

井上：それじゃ、芝居が成り立たなくなっちゃうじゃないですか（笑）。

青木：ちょっとしたいたずらです。

井上：それはそれとして、いま言ったように、枠組をつくって、日本人がシェイクスピアを演じているということを不自然に思わせない。特に若い俳優さんたちですから、それを不自然に思わせないという工夫ということでしたけれども、そうすると、あの中でのシャイロックの位置づけというのは、日本人の枠組の中で日本人ぽく見えてほしいという。

青木：そうですね。どんどん西洋化していく中で、純粋なと言ったら変ですけど、わかりやすく日本らしく……。

井上：いつもシャイロックは悲劇的なキャラクターに見えて、割りと悲劇的に同情を集めてしまう役どころで、どの上演でも大抵そうなりますけど、特にその要素が強いといいますか、いまの青木さんのお話にもありましたけれども、キリスト教徒になることを強要されてしまう。キリスト教の側からの横暴ではないかという展開を、むしろ強調しているような演出でしたけれども、これはどういうふうな見え方を狙ったのですか。

青木：最後に全員がハッピーエンドで終わって屋敷の中に入っていくところで、入ろうと思ったら、酒井（敏也）さんが亡霊のように現れて、その周りに酒井さんたちと同民族の人たちがやはり亡霊のように現れて、それで彼らのドンドンと棒で何か突いている音によって、ヴェニスの商人であるところのアントニオが、自分らはこのまま幸せなままでいていいのだろうかと苦悶するというところで芝居は終わっちゃう。そんなラストにしてあります。

井上：全体のハッピーな雰囲気を相対化するというか。

青木：そうですね。

井上：これでいいのか、と突きつけてくるような終わり方ですよね。非常に重くて、若いファンたちが集まって、若いイケメンたちを楽しみに来ているお芝居で、こんな重い課題を突きつけて終わっちゃうのかと、ちょっとびっくりしたんですけれども。

青木：途中は楽しくしたので、最後ぐらい重くていいかなと思って。

井上：同じD-BOYSで昨年『十二夜』という、やはりシェイクスピアの喜劇作品を演出されていますが、これは『ヴェニスの商人』からのつながりのようなことは意識されたんですか。

青木：そんなになかったです。たまたまやってみたら、『ヴェニスの商人』ではポーシャが男装になりますよね。それと、それをオールメール（全て男性）でやると、ポーシャ自身が、男性がまず女装して出てきて、女性の人が男装するという複雑なことになりますけれども、『十二夜』でもお嬢様をめぐる物語なので、女装していた人がもう一回男装するという複雑なことになるんです。この部分はちょっと『ヴェニスの商人』とかぶっているのですけど、それはあまり意識してないです。実は、たまたまその前の年に、僕は、文化庁の派遣で一年ロンドンにいたんです。行く前には別の作品を考えていたんですけれど、行って、いろいろグローブ座で見たら、『十二夜』がものすごく楽しくて、ロンドンに行く前に書いていたものが陰惨なものばっかりだったので、ちょっと楽しいものをやりたいなと思いまして。『十二夜』は底抜けに楽しそうだし、芝居をやる喜びに溢れているので、『十二夜』をやらせていただけないかなということで。

井上：青木さんの「作品一覧」（章末）の「脚本のみ」という項目の中の二つ目で「いのうえ

歌舞伎『鉈切《なたぎ》り丸』」というのがありますけれども、これを書かれてからイギリスに行かれて、帰ってきてから演出されたということなんですね。

青木：そうです。帰ってきて『十二夜』を演出しました。

井上：『鉈切り丸』というのが、『リチャード三世』というシェイクスピアの作品を題材にしたもので、リチャード三世というのは、自分の野望のためには周りの人を殺しまくるというような、野心に満ちた王様の話で、本当に陰惨な話で、そこで一八〇度方向を変えようというような気持ちがあって。

青木：はい。

井上：グローブ座での『十二夜』というのは、具体的にはどんなふうに楽しかったんですか。

青木：まず、マーク・ライランスという俳優さんがいて、その人が『十二夜』のお嬢様をやっていらっしゃるんです。この人はとんでもなくうまくて、六〇ちょっとぐらいのおじいさんなんですけど、日替わりで『リチャード三世』をやっているんですよ。リチャードとお嬢様を日替わりでやるというところに、まずびっくりしたんですけど、お嬢さんをやっていらっしゃるときに気づかなかったんです。白塗りで、すごく楽しそうにやっていらしたので。グローブ座で見て、初めて、あっこういうことなのかとわかった気がしたのは、いままで日本でシェイクスピアを見ると、一人ぜりふのときというのは、ついちゃんと聞かなきゃという感じで見ていたのですけど、グローブ座って、ご存じの方たくさんいらっしゃると思うのですけど、上が抜けちゃっているんですね。

井上：半野外ですね。

青木：半野外なんです。それで、一階席というか、土間みたいなのがありまして、そこは立ってなければいけないんです。オールスタンディングで、五ポンドだから、当時で七五〇円ぐらいなんですよ。だから、割とみんな気楽に見に来るんです。ただ、三時間半ずっと立ってなければいけないんです。

井上：過酷な席ですね。

青木：しゃがんだりすると、係の人が「ちょっと、ごめんなさい」と言って、立たされちゃうんです。一芝居で二、三人疲れてほんとに倒れる人もいます。だから、ちょっとつまらないことをやると、お客さんがダレちゃうんですよ。勝手にしゃべり始めたりする人がいるので、一人ぜりふのときになると、お客さんに向かってかけまくるんです。『リチャード三世』を見たときも、マーク・ライランスが最初に出てきて、長いせりふをどうのこうのと始めたときに、バラをくわえて出てきて、ニヤニヤ笑っているんですよね。一回一回かけちゃ、途中でそのバラを思いっきり投げちゃったりして、お客がものすごい喜んで、笑って見ているんですよね。それと同じように『十二夜』でも、マーク・ライランスは、どういう仕掛けになっているか、よくわからないのですけど、ものすごいでっかい黒いスカートをはいていて、能の移動のようにスーッと移動するんだけど、ローラースケートか何かをはいているのじゃないかなというぐらいに、それがある種のお嬢様の麗かさに通じているような感じで、でも役者がすごく楽しんで全ての役を演じている感じがあって、それで『十二夜』を演出したいなと、そのとき思いましたね。

井上：私は映像でしか拝見してないのですけれども、全体的にお祭りムードというか、明るいムードというのが増えている舞台だったと思うのですけど、そのロンドンの経験というのを、若い彼らでやってみようというようなことは？

青木：ありました。それと、『ヴェニスの商人』をやったときというのは、二〇一一年の四月ですから、稽古をした二日目に震災だったんです。余震もかなりありましたし、電気が止まるのじゃないかというのもあったので、本当に上演できるのかというのは、ずっと不安だったんです。ただ、その当時、もし電気が止まっても、いよいよできなくなっても、僕たちはかなり稽古をしたので、神社とか、公園とか、演劇だったら自然光を利用してどこでもできるぜ、と強く思っていたところで、だから『十二夜』をやるときは、一つの祝祭劇として、神様に奉納する劇としてやろうと思って、セットで神社を建てて、神社以外は何もない。その前に、シェイクスピアのつもりの格好をして、大して歴史考証はせず、それ風な西洋風な衣装を着て、みんなで楽しく『十二夜』を演じようというようなコンセプトでやりました。

井上：皆さん、西洋の衣装を着ているけど、なぜか神社の、能の舞台のようなものがボンと置いてある。劇中、その舞台についての説明が一切なされないので、何なんだろうと、僕もちょっと思っていたので、いまのお話を聞いて、そういうことだったんだなということがわかったんですけれども、でも気づいたお客さんっていたんですかね。

青木：劇場で見てくださった方は、最初に「これを神様に捧げます」みたいなことを言って、お祈りしてから始めるので、気づいてくださる方は気づいてくださったみたいでした。

井上：そうすると、ある意味、芝居の主体性というのは、震災以降の沈鬱なムードの反動というのか、そういうふうな形で。

青木：そうですね。劇場にいる間だけは忘れようという気持ちが強かったですね。

井上：劇中の挿入歌でも、いまお話しのような内容のことが『十二夜』だと歌われますよね。

青木：はい。

井上：話を少し進めましょう。いま『十二夜』という作品についてのお話を伺いましたが、青木さんは、劇作家としてシェイクスピアを脚色したときよりも、演出家としてシェイクスピアをそのまま台本に取り組まれているほうが、自分の方向性が強く出るなという感じがしたんです。「作品一覧」の「脚本のみ」という項目で、三本ございます。二〇一三年一〇月、昨年のいまごろになりますけれども、まさに『十二夜』をやっていたその頃に上演されていたのが『鉈切り丸』、先ほどから名前で出ています、いのうえひでのりさん。劇団新感線《しんかんせん》主宰の方ですが、この公演は劇団新感線ではなかったんですね。

青木：そうですね。

井上：森田剛さんが主演の舞台ですね。

青木：はい。

井上：さらにちょっと下の二〇一二年五月、「［上演台本］『ロミオ&ジュリエット』」というのがあります。さらにもう少し下のほうで二〇一一年四月、先ほどの『ヴェニスの商人』とほとんど重なっている時期に上演されたのが、「劇団・新感線『港町純情オセロ』」という作品。三作品で、脚本としてシェイクスピアに取り組まれていらっしゃる。この三作についての話を聞きたいと思います。順番は行ったり来たりになってしまうのですけど、最初に二〇一二年の『ロミオ&ジュリエット』についてから伺いたいのですけれども、これは青木さんに脚色をということで最初から依頼があった話だったんですか。

青木：佐藤健さんと石原さとみさんがロミオとジュリエットだったんです。それでお客さんが若い層なので、言葉を割とわかりやすく、現代風にアレンジしてもらえないだろうか、というのが最初の依頼でした。

井上：意外なのは、日本でも外国人の演出家が来て、外国人の演出としてシェイクスピアを上演するときというのは、翻案ものというのはほとんどないというか、普通に翻訳されたものが上演されているというのが、一般的な日本での上演だと思うんです。そこで、松岡さんという翻訳者、蜷川さんとよく組まれている翻訳の方ですが、その松岡さんの翻訳がまずあって、それを青木さんが言葉をかえるというプロセスがあって上演されるというのは、ちょっと不思議な感じがいたしますけれども。

青木：僕も、それは最初不思議だったんです。ただ、ロンドンに行ってみてわかったのは、向こうは上演台本は劇作家が作るというのがけっこうあって、例えばチェーホフの台本を、ロシア語がわかる人が、ロシア語から英語に翻訳して、その後は劇作家が芝居の言葉としてもう一回上演台本につくり直すというのが、主流の流れとしてあるみたいです。だから、チェーホフの誰々版、誰々版というのが、かなり明解にあったりとか。

井上：日本でも名前が知られている劇作家の翻訳とかがあったりしますね。演出家もそれを念頭に置いていたということですね。

青木：そうなんです。演出のジョナサン・マンビイが、彼は日本語わからないけれども、日本語でやるときに、日本語の劇作家にもう一回手を加えてほしいというのが、彼からのオーダーだったんです。

井上：そのほかに要請というか、演出側からの求めというのはあったんですか。

青木：最初は僕のほうで、ここはカットしないとわからないのじゃないかなというところを、まず日本語でカットさせていただいて、それを翻訳家が英語の部分をカットして、そのあと僕が言ったのは、ロミオとジュリエットの韻律を踏んでいる部分については、松岡さんの訳で行きたいと。韻律に関しては、僕は専門ではないし、松岡さんが相当こだわった韻を踏んで訳されているところなので、そこには僕は手を加えたくなくて、若いロミオの友だちの言葉とか、つまり散文の部分について、僕は手を加えさせてもらっていいですかというのを、松岡さんとジョナサンとに確認をとって、それで進めました。

あと、細かい例を挙げますと、『ロミオ&ジュリエット』は最初序詞が出てきて、こういうような話ですという、昔から続く二つの名家があってという風に始まりますが、それをジョナサンが演出で、序詞役のかわりにロミオとジュリエットが二人で出てきて、最初、「Two Households」と言ったら、両家の人々がバンと出てきて始めたいということだったんです。「いにしえより続く二つの名家」で始めると……。

井上：具体的には？

青木：松岡さんの訳でいくと、「いずれ劣らぬ二つの名家」というところで始まるんです。「いずれ劣らぬ」というのが先に修飾語として来ちゃうので、演出家がやりたがっている「Two

Households」と言って始めるのが……。

井上：もとの翻訳は原文の順番と違うということですね。

青木：そういうことです。僕は、「二つの名家が、ここ花の都ヴェローナにあった」というふうに、最初に「二つの名家が」と言ったら、バンと来て、「ここ花の都ヴェローナにあった。いずれ劣らぬ二つの名家」というふうに戻すというような言葉に替えました。

井上：演出家としては「二つ」という数字を、両家が分かれているということを強調したかったんですね。

青木：この両家の物語だということを最初に強調したかったということです。

井上：どこかで、日本語訳だと順番が違っているということはジョナサンは知っていたのですか？

青木：はい。その話は、通訳を通じて知ってました。

井上：ほかに何か顕著な点はありますか？

青木：最初のほうで言うと、モンタギューとキャピュレットが喧嘩するところで、親指を噛むというのがあるんです。それは、僕は今の観客にあまりわからないのじゃないかなという話をして、それで、中指を立てるではいけないかということにして、そこら辺のせりふは、かなりいま風な言葉にちょっと替えましたね。

井上：いまの若者が喧嘩しているように見えるように？

青木：そうですね。

井上：『ロミオ&ジュリエット』というのは、そもそも猥雑なせりふが多かったりしますが、翻訳だと、そういったところがだいぶオブラートにかけられてしまっていますよね。

青木：僕も、ジョナサンに聞いてそれ衝撃だったんですけど、ジュリエットが小さいときに転んだときに、乳母が「お嬢様、倒れるときは、顔から行くんじゃありませんよ。仰向けになって転がるんですよ、女の子は」というシーンがあります。読んでいたときは、それは顔を傷つけないように仰向けに倒れるんですよという意味だと思っていたら、そうではなくて、いつでも男の人に「いらっしゃい」という完全な下ネタだという話をされたので、これはもう下ネタでゴテゴテに訳そうと思って、乳母は、基本的についつい下ネタを言うということで訳しましたね。

井上：ここで笑いがきますね。

青木：そうです。

井上：ふつうの日本語訳だと笑いにならない。

青木：難しいところですね。それと、あのとき僕も、なるほどと思ったのは、翻訳という仕事は、向こうの言葉で書かれたものを日本語に訳したらどうなるのかということを忠実にやるというのが、翻訳家という仕事の人が課されている任務だと思うんです。劇作家は、そういう意味では、ちょっとずるい仕事というか、上演台本ということは、逐一訳さなくてもいいという免罪符が与えられているというふうに、自分で解釈したんです。たぶんジョナサンも、「劇作家を立てたい」と言ったのは、そういうことだろうと思うんです。翻訳するときの責務を負わなくていいというところで、僕はずるい立場で許されていたので、そういうふうに直したというのがありました。

井上：ここでは脚色と言いますか、台本を替える中では、原作にない要素を付け加える場合があるということは。

青木：それはなかったです。

井上：なるほど。さて、先ほども名前が出てきました劇団・新感線のいのうえひでのりさんとの仕事が二本ございます。一つ目が二〇一一年の『港町純情オセロ』、そして昨年の「いのうえ歌舞伎『鉈切り丸』」ですけれども、ここでも最初の要請というのは、いのうえさんからだったんですか。

青木：そうです。

井上：『港町純情オセロ』はどんな経緯で依頼が来たんですか。

青木：劇団・新感線に橋本じゅんさんという役者さんがいらっしゃいまして、その前の公演で腰を痛めて大変なことになられて。その橋本じゅんさんの復活公演として『オセロ』をやりたいということで、いのうえさんからのオーダーは、非常に笑いの要素が強い、おもしろうて、やがて悲しきというのをベタベタにやりたいということだったんです。そもそも日本人が黒人を演じること自体が不可解なので、そこはベタベタに笑い倒してほしいということで、日本に置きかえて『オセロ』を書いてもらえないかというのがオーダーでした。

井上：日本に置きかえるというのは、かつて川上音二郎の翻案の中でもありましたが、青木さんの戦略というのは、どんなふうな形で？

青木：まず、橋本じゅんさんで『オセロ』と思ったときに浮かんだのは、かつて角川映画でありました『人間の証明』という映画だったんです。ジョー山中さんという歌手の方が、戦後に岡田茉莉子さん演じる母親が黒人兵に手込めにされて、たまたま生まれてしまった子供という設定で出てきたので、その姿が浮かんだものですから、それで行こうと思って、黒人兵と日本人の間にできたというようなことで行こうと思ったんです。そうすると、その子が育つと、一九七〇年代が舞台になるんですよ。一九七〇年代ではなくて、終戦とか戦前の猥雑な空気でやりたいというのが、いのうえさんのオーダーとしてあったんです。戦前だとするならば、一九三〇年代ぐらいに置くと、一九〇〇年の頭ぐらいに、神戸からブラジルに移民で渡った人たちがかなりいるので、向こうで生まれた子が向こうのコミュニティになじめないで、日本にも来たのだけどうまくいかなくて、ヤクザになって、ヤクザの親分としてのしていくということで、名前も藺牟田《いむた》オセロという名前にして、ほとんど見てくれはライオネル・リッチーみたいな感じの。

井上：ライオネル・リッチーという歌手が、いまでも活躍されていますけど、おりましたね。ブラジル人の混血のオセロが日本に戻ってきて、さらに石原さとみさんがデズデモーナの役で。

青木：はい。石原さんが出てました。

井上：最初から、コミカルにという要請があったということですが、それはどういうふうなことでコミカルにということが求められたんですか。

青木：オセロって、思い込みだけで突き進んでいますよね。実は、何も起きてないですものね。妄想だけで最後に殺人まで行ってしまう話なので、それは極端に言うと、ギャグじゃないかというのが、いのうえさんの頭にあったと思うんです。

井上：もちろん話は『オセロ』そのものですから、最終的には悲劇になるけれども、流れとしては、かなり笑いの密度が高いようなお芝居ですね。もともと悲劇で書かれていたものに対して、そういうふうな脚色をするということが求められて、何らかの格闘のようなことはなかったですか。

青木：『オセロ』は見ていたし、読んでたんですけど、そのときは悲劇だと思って見ているからあれですが、よくよく見ると、よくわからないことがけっこう書いてあるんです。例えば、『港町純情オセロ』は、一幕の冒頭で男が、何か変な卑猥な歌を歌うので始めたんですけど、原作の『オセロ』の脚注に、この当時、新婚初夜のときは、新婚夫婦の枕元の窓の下で歌を歌うのがならわしだったと書いてあったんですよ。何だそれ、と思って、それをやってみたくなったんですよね。よくよく読んでみると、変なことがいっぱい書いてあったので、そこを強調していったら、ギャグになったんですね。

井上：笑えることに転じるような形で。

青木：はい。

井上：そのあとの『鉈切り丸』は、『リチャード三世』を、源平の時代に置きかえている。これもいのうえさんの要求だったとパンフレットに書いてあったのですけれども、私の印象では、比較的忠実に脚色されていて、そして笑える要素も、生瀬勝久さんが演じる役は一方的に笑いをとってましたが。そういう部分は除いても、脚本としては極めてまじめにというか、笑えるところもあまりないような形で脚色されていましたね。このときは笑いの要素は求められていなかったんですか。

青木：そう求められてなかったです。いのうえさんが『鉈切り丸』を言ってくださったときは、とにかく『リチャード三世』がいのうえさんすごく好きで、『天保十二年のシェイクスピア』を含めて何度かやられているんです。ただ、どうしても『リチャード三世』って、その前からの英国史を知らないと入って行きづらいといって、そこの垣根を取っ払いたいから、日本人にもとてもなじみのある歴史的な事実として源平に置きかえて書けないか、というのがオーダーだったんです。

井上：すごく高いハードルを突きつけられていますよね。

青木：でも、またすぐ源範頼という源頼朝の弟が浮かんだんです。それは僕が生まれた横須賀の町に範頼が追われてきた浜があって、そこに「鉈切」という地名の場所があったんです。幼名で鉈切り丸だというのは大うそで、範頼が追われてきたところで、そこにいた農民たちが、源氏からの討手をやっつけるために、鉈で討手を追い返したというので、その「場所」のことを鉈切と呼んでいたんです。だから、それを名前にしちゃおうと思って。そうすると、何か血なまぐさい感じで、ちょっといいなと思ったので、それをいのうえさんに、「範頼で、鉈切り丸という名前で行きたいんですけど」と言ったら、「うん、いいね。それでやろう」と言って。

井上：何か一方的な、割りと横暴とも思われる要請を、スルリとこなされてますよね。

青木：僕ね、いのうえさんに何か要求されると、ツボを押されるみたいに、あっ、そこ僕、出したかったんです、という感じで、『港町純情オセロ』もポンと出ちゃうんですよね。

井上：先ほどちょっと言いましたけれども、脚色って、本来作家の個性が求められるって思うんです。結局個性は出ているのですけど、発端が、そもそも発想が自分からではなくて、求められているところに応えて、それに自分のテイストを加えてというような書き方で、すごく職人的な。

青木：そうですね。

井上：むしろ演出のほうが、ご自分の意識とか、表現力みたいなところからされているのだなというのが、意外な感じがしたんです。いま現在も能をベースにした作品を上演中ですね。

青木：きのう、紀伊國屋サザンシアターで幕が開きました。『天鼓《てんこ》』というのを、やっております。

井上：それもまた最初から脚色で。

青木：脚色というか、もう無理矢理。これ、自分発信です。文学座さんから、何かやりませんかというようなことをいただいて、そのときロンドンにいたので、日本的なものをやりたいなというのがあって、以前から『天鼓』という作品は好きだったので、それのシノプシスをかいて送って、やることになったという感じだったです。

井上：そうすると、青木さんのスタンスというのは、劇作家としてのキャリアも十分お持ちですし、劇作家一本でも十分やっていかれるというところと、一方で脚色しながら演出もこなすという、劇作家、脚色の脚本家、また演出家という三本の柱をうまく使い分けて、本当にたくさんの仕事を抱えている中で、うまく渡っていらっしゃるなという感じを受けるのですけれども。その中で自分としては、これ、というところはあるのですか。

青木：やっぱり演出が一番好きなんだと思います。つまり、僕は、稽古場と劇場が、とにかく好きなんです。それがやりたいだけなので、本を書くのも、稽古場で稽古して、そのあと上演するのが楽しみだから書くというスタンスなんです。そうすると、演出家が一番稽古場にいられるので、演出しているときが一番楽しいです。

井上：青木さんの作品の中で、脚色・脚本よりも演出作品の方に青木さん色が強いと感じた理由がわかった気がします。今後またシェイクスピアをやるとしたら、どういうふうな方向性をさぐっていきたいと思われていますか。

青木：まだしばらくは、何か一つ枠組があって、その役になりきるというより、ちょっとこういう作品を演じていますというのを、まずは見せておいて、それでやるというスタンスでやっていこうかと思います。

井上：まだちょっと照れてますか?

青木：照れがある。

井上：でも、その照れがなくなったときに、新しい方向性が。

青木：かもしれないですね。
井上：どうもありがとうございました。（拍手）

資料

青木豪舞台作品（青木豪オフィシャルホームページより）

※は対談中で言及した作品

■演出のみ

※	二〇一三年一〇月	D-BOYS STAGE「十二夜」（作・シェイクスピア）
	二〇一一年一二月	北九州芸術劇場リーディングセッションVOL.19「ロング・クリスマス・ディナー」（作・ソーントン・ワイルダー）
	二〇一一年一〇月	世田谷パブリックシアタープロデュース「往転」（作・桑原裕子）文化庁芸術祭賞演劇部門新人賞 受賞
※	二〇一一年四月	D-BOYS STAGE「ヴェニスの商人」（作・シェイクスピア）
	二〇一〇年七月	スペシャル人形活劇　NHK×赤レンガ倉庫「新・三銃士」（脚本・三谷幸喜）
	二〇一〇年七月	ネルケプランニング「真夜中のパーティ」（作・マート・クロウリー）
	二〇一〇年二月	RUN & GUN「僕らのチカラで世界があと何回救えたか」（作・高羽彩）
	二〇〇八年四月	ENBUフェスタ「見よ、飛行機の高く飛べるを」（作・永井愛）

二〇〇八年二月	青山円劇カウンシル「ウラノス」（作・前川知大）

■脚本のみ

二〇一四年一〇月	文学座「天鼓」（演出・高橋正徳）
二〇一四年二月	「9days Queen 九日間の女王」（演出・白井晃）
※二〇一三年一〇月	いのうえ歌舞伎「鉈切り丸」（演出・いのうえひでのり）
二〇一三年六月	ヴィレッジプロデュース「断色」（演出・いのうえひでのり）
二〇一三年三月	M&O PRODUCE「八犬伝」（原作・曲亭馬琴、演出・河原雅彦）
※二〇一二年五月	［上演台本］「ロミオ&ジュリエット」（作・シェイクスピア、演出・ジョナサン・マンビイ）
二〇一一年六月	新国立劇場「おどくみ」（演出・宮田慶子）
※二〇一一年四月	劇団・新感線「港町純情オセロ」（演出・いのうえひでのり）
二〇一一年一月	おにぎり「断食」（演出・いのうえひでのり）

二〇一〇年八月	彩の国ファミリーシアター「音楽劇　ガラスの仮面　～二人のヘレン～」（原作・美内すずえ、演出・蜷川幸雄）
二〇一〇年六月	ネルケプランニング「吸血鬼」（演出・茅野イサム）
二〇〇九年一〇月	俳優座「渇いた人々は　とりあえず死を叫び」（演出・高岸未朝）
二〇〇八年一一月	俳優座プロデュース「空の定義」（演出・黒岩亮）
二〇〇八年八月	彩の国ファミリーシアター「音楽劇　ガラスの仮面」（原作・美内すずえ、演出・蜷川幸雄）
二〇〇八年二月	いのうえ歌舞伎☆號「IZO」（演出・いのうえひでのり）
二〇〇七年八月	LOVE30「北向きの女」（演出・宮田慶子）
二〇〇七年七月	ＮＬＴ「佐賀のがばいばあちゃん」（原作・島田洋七、演出・釜紹人）
二〇〇六年三月	文学座アトリエの会「エスペラント　教師たちの修学旅行の夜」（演出・坂口芳貞）（鶴屋南北戯曲賞ノミネート）
二〇〇五年五月	東京グローブ座「エデンの東」（原作・ジョン・スタインベック、演出・鈴木裕美）

二〇〇五年一月	劇団銅鑼「流星ワゴン」（原作・重松清、演出・磯村淳）

■作・演出

二〇一一年七月	アル・カンパニー「ゆすり」（再演）
二〇一〇年一〇月	ラフカット2010「鳥葬」
二〇〇八年九月	アル・カンパニー「ゆすり」
二〇〇六年九月	シス・カンパニー「獏のゆりかご」（岸田戯曲賞ノミネート）
二〇〇五年四月	演劇集団円「東風」（鶴屋南北戯曲賞ノミネート）

※

劇団グリング　公演

■作・演出

二〇〇九年一二月	第十八回公演「jam」（再演）
二〇〇九年二月	第十七回公演「吸血鬼」
二〇〇八年七月	第十六回公演「ピース　短編集のような……」

二〇〇七年一一月	第十五回公演「Get Back!」
二〇〇七年六月	第十四回公演「ヒトガタ」（再演）
二〇〇六年一二月	第十三回公演「虹」
二〇〇五年一二月	第十二回公演「海賊」
二〇〇五年七月	第十一回公演「カリフォルニア」
二〇〇四年一〇月	第十回公演「ストリップ」（再演）
二〇〇四年六月	第九回公演「旧歌」
二〇〇三年一一月	第八回公演「jam」
二〇〇三年二月	第七回公演「ヒトガタ」
二〇〇二年七月	第六回公演「ストリップ」
二〇〇一年一二月	第五回公演「3／3　サンブンノサン」
二〇〇一年四月	第四回公演「イノセント」
一九九九年一二月	第三回公演「昨日・今日・明日」

一九九八年一二月	第二回公演「光のあと」
一九九七年二月	第一回公演「アフター・スクール」

【質疑応答】

質問：明治時代に坪内逍遙さんがシェイクスピアを翻訳されて、そのあとに明治・大正にシェイクスピア劇をたくさん上演されているようですが、そこのところを具体的にかいつまんで、ご教授願えたらありがたいと思います。

もう一つ、「翻案」は、翻訳の下請だとか前段階とかいうのではない、「翻案」という一つのジャンルが立派にあるとおっしゃっていただいたのですが、「翻案」という言葉自体は、明治時代に誰がそういう造語をつくられたのでしょうか。

神山：坪内逍遙以降福田恆存までの時代ですけれども、この時代は、シェイクスピアの上演は、ないわけではないですけど、少ないです。理由は、先ほども少し触れましたけれども、一九世紀は明らかにリアリズムの時代で、イギリスのシェイクスピア上演でさえもリアリズムで上演されていたのです。いま考えれば、ものすごい前衛的な気がしますけれども、まるっきり全部道具も飾り込んで、きちんとした屋台の中で上演するというような、森の場面ですと、本当に木を一面に飾るというようなリアリズムで上演された時代です。そのあと日本は、ご存じの方も多いと思いますけどリアリズムの時代で、イプセンやチェーホフやゴーリキーやハウプトマンとかのほうが主流になった時代でございます。自然主義やリアリズムの戯曲は価値があるといって、シェイクスピアは既にもう古いというような言い方を、明治の末にはされてありました。大正になって、帝国劇場でずいぶんシェイクスピアは手がけております。いまは忘れられておりますけれども、松居松葉という人が、ずいぶんシェイクスピアを手がけているのですが、今ではほとんど問題にされることはないです。もちろん、英文学としての研究や翻訳は、その間も行われています。

それから、「翻案」という言葉がいつ初出かはわからないです。それ以前は「書き替え」と言っておりました。江戸時代から明治の初期ぐらいの言葉では、あきらかに「書き替え」です。興行としては、明治三五年の高安月郊ぐらいからは「翻案」と使っておりますけれども。言葉としては、坪内逍遙の『小説神髄』にありますから、明治一〇年代末には使われています。

質問：川上音二郎と貞奴が、海外で大変な評判をとったと聞いているのですけれども、どの程度の英語力だったか、あるいはどのような演技だったのか、その辺のところをお伺いしたいのです。

それともう一つは、シェイクスピアというと、ゲーテが尊敬していたとか、リンカーンが大好きだったとか、あるいはロシアの作家などに影響を与えているのか。その辺を教えていただけたらありがたいと思うのです。

神山：前半のことだけお答えいたしますけれども、川上音二郎の一座には、土肥春曙という『ハムレット』をやった人が通訳で同行しておりました。ヘンリー・アーヴィングの前などでも演じたりしたのですけど、もちろん日本語で演じております。英語でやったわけではございませんので、その点は、逆に言えば問題はなかったのかもしれません。

ほかの外国との関係については、どなたがよろしいですかね。

野田：シェイクスピアのヨーロッパ大陸に対する影響は大きいものがありました。ただし、それが本格化したのは一八世紀からです。

英国では清教徒革命の関係で劇場は閉鎖されていました。劇場が再開されたのは、一六六〇年、護国卿体制が終わって、王政復古の時です。この時に女優も登場するようになります。というのもシェイクスピアの時代には、女優ではなく男性、特に少年俳優が女役をつとめていたからです。上演様式という点では、ここに一つの伝統の断絶があります。

それで、王政復古となりますと、フランスの宮廷に亡命していたチャールズが英国国王として王政復古の玉座についたということもあり、英国演劇では、フランス型の新古典主義的影響が強く見られるようになりました。コルネイユやラシーヌに代表されるような一七世紀フランスの新古典主義に、イギリスも倣ったわけです。忠実な写実が基本眼目である新古典主義は、「三一致の法則」、つまり時と場所と物語の一致を強調します。ちょうど定点カメラのイメージですね。物語が起きる場所が動いてはいけないし、登場人物も本質的に同じでなければならない。複数の物語を進行させてはならない。なおかつ時間があまり飛んでもいけない。基本的に一日で終わるようなことを舞台でやりなさいというのが新古典主義的な約束事です。それが物事をリアルに舞台の上で提示できる限界でしょ、というわけです。

このような新古典主義的な規範に、シェイクスピアは全然当てはまりません。シェイクスピアの芝居では、『冬物語』のように、「さて、一六年たちました……」ということが平気でありますす。この一点だけとっても、全然新古典主義に合致しない。一八世紀のフランスの啓蒙主義者ヴォルテールは、そういう観点からシェイクスピアを批判しています。

それでもヴォルテールは、シェイクスピアが天才であることを認めています。ドイツだともっと熱狂的でして、シェイクスピアのドイツ語翻訳は、その歴史から言っても、質と量の点から言っても、ものすごく充実しているんです。シェイクスピアは、翻訳を通してドイツの国民作家となったといっても良いくらいです。

さっきの講演でも申しましたが、坪内逍遙が西洋の演劇伝統の中で、シェイクスピアというのは継子であると言っている、その眼目はまさにそこにあるんですね。アリストテレス的な詩学に厳密な――行き過ぎともいえる――解釈を加えたのが新古典主義だったのですが、シェイクスピアはその演劇規範に全く当てはまらないんです。だからシェイクスピアは真似しようと思っても真似できない作家で、ヨーロッパ大陸では継子扱いされたままだった。これが逍遙の見立てなんですが、私は正しいと思ってます。

質問：野田先生にお伺いします。いまの逍遙のお話に関連する質問ですが、私が知っている限り、アメリカ人はもちろん、ドイツ人やロシア人も、先ほどの蜷川のように、イギリス人よりも自分たちのほうがシェイクスピアを上手に上演できるはずだとか、理解できるはずだと言っている資料を見たことがあるのですけれども、イタリアやフランスとか地中海世界に近いほうで、そういうのをあまり聞いたことがないのです。またシェイクスピア以外の人気劇作家について、本国より自分たちのほうが上手に上演できるはずだというような発言を私はあまり聞いたことがなくて、なぜシェイクスピアばかりが、本国以外の人が「我こそシェイクスピアを上演できる」というようなことを引き出してしまうのか、ぜひお伺いしたいと思いました。

野田：なぜシェイクスピアばかりがこんなに騒がれるのか。これは歴史的産物、ないしは偶然の結果でしょう。たとえばはるかに多くの劇作を世に出していた作家として、ロペ・デ・ベガがあります。彼はセルバンテスと並んで、一六世紀後半から一七世紀前半にかけてのスペインにおける文芸黄金期を代表する作家でした。しかし彼の作品は、すくなくとも国際的には現在さほど上演されない。それではなぜシェイクスピアがこれだけ上演されるようになったのか。それは大英帝国があったからでしょう。いわば現在のアメリカによるグローバル化に似た大英帝国による文化戦略により、シェイクスピアが商品としてマーケットを席巻したという考え方です。これを私は「シェイクスピア＝ミッキーマウス説」と呼んでいます。

シェイクスピアの作品はいろいろな解釈ができるように書かれています。「この問題、作者はどう考えているんだろう」と考えても、シェイクスピアさんは作品の中で顔を出してこない。というのも彼はある問題を作品の中で呈示しても、それに対するイエスとノーの答えを両方作品に書き込んでしまうんです。そういう点でシェイクスピアは、つかみどころのない二枚舌の作家です。だからこそ、いろんな国が常に新しい読み、新しい見方を提供して、「うちの国の事情につなげてみるとこうなるよ」といった新解釈を提示してきました。「俺はミッキーマウスはこういう奴だと思うよ」、「いや、本当は性格悪いんじゃないの」、「いやあいつはいい奴だよ。うちの国だと誰々に似ているかな」――そういうような見方ができるのがシェイクスピアなんです。そして、ミッキーマウスと同様、今やシェイクスピアと言えば誰でも知っている。だれでもなじみがあるから手を出しやすい、そういう作家です。

シェイクスピアには世界的文化商品として売られていく道筋があったし、なおかつその商品の性格からいって、いろんな国での使い道があった。だから「シェイクスピアはうちの国の作家だ」とか、「わが国のシェイクスピア上演の方が、よくできている」という国際的対抗心まで生まれてくる。もちろん、シェイクスピアはダメな作家だという人もいますけれど。トルストイなどは、「『リア王』はひどい。あんな踏んだり蹴ったりの芝居はない」という意味の事を言っていますから。ジョージ・オーウェルはそんなトルストイの見方に反論するんですけれどね。

質問：青木先生にお聞きします。一年間ロンドンへ行かれたということですが、ロンドンにいらっしゃってからのシェイクスピアに対する取り組み方というのは、その前と何か違いは生まれましたか。

青木：難しい質問ですね。一番違ったのは、演出面です。さっきも申し上げたとおり、お客さんにせりふをかけようというふうに、変わりましたね。もっと客席を巻き込むことをやるようになりました。劇場の中で閉じたシェイクスピアの上演だと、どうしても照明とか音響に頼っていって、役者が閉じた芝居になるというか、特に独白などは、内面をここで吐露していくという感じになるのだけど、半野外になっちゃうと、とにかくかけていかないと、客がだれる。そっちのほうが、僕は新鮮でおもしろかったので、自分が演出するときは、そういうふうに変わっていったというのはあると思います。

向こうでもけっこう芝居を見たんですけど、見るたびに、シェイクスピアって相当書けるねみたいな、いまロンドンで一番書けるのはあいつだよねみたいな、よくわからない気持ちになったのはありました（笑）。それと、改めてシェイクスピア作品というのは、軸がぶれないでキャラが立っているという感じが強いと思うようになりました。

井上：最後の質問にもありましたけれども、シェイクスピアはグローバルであると同時にローカルであるというのが、いまの時代の特徴なんだと思います。また、ローカルであるがゆえに、きょうのセッションのような「シェイクスピアと日本」というふうな、日本に限定した話題でも語り尽くせぬような内容を含み持つことになっているのだろうと思います。日本においてのシェイクスピアというものが、ますますさまざまな形で展開していくと思いますが、そのさまざまな足跡を辿るうえでも、きょうご登壇いただいた方々のお話は大変有意義であったと思います。どうもありがとうございました。

平成27年 3 月20日　第 1 刷印刷
平成27年 3 月31日　第 1 刷発行

明治大学公開文化講座 XXXⅢ
シェイクスピアと日本

発行者　佐　藤　義　雄

発行所　明治大学人文科学研究所
101-0062　東京都千代田区神田駿河台一-一
電話〇三(三二九六)四一三五番

発売所　株式会社　風　間　書　房
101-0051　東京都千代田区神田神保町一-三四
電話〇三(三二九一)五七二九番
振替〇〇一一〇-五-一八五三番

(藤原印刷・司製本)
ISBN978-4-7599-2080-2

明治大学公開文化講座

明治大学人文科学研究所編

Ⅰ 精神・人生

自然と神と人間　平野仁啓／中世日本人の世態観　萩原龍夫／うたげと孤心　大岡信／日本人の芸術意識　山本健吉／大原幽学とその門人―幕末の農民思想―　木村礎／歴史小説論の一齣　本多秋五／ニヒリズムとその克服　国谷純一郎／芸術と生活の本当の関係―ウイリアム・モリスと柳宗悦―　小野二郎

Ⅱ ことば・まつり

明治文学におけることばの意識　大島田人／法律と日常のことば　駒沢貞志／俗語から見た社会　堀内克明／ノンセンスとコモンセンス　中村雄二郎／古墳祭祀と埴輪の世界　大塚初重／まつりと演劇　菅井幸雄／まつりの民俗的構造　桜井徳太郎／まつりとまつりごと　神島二郎

Ⅲ 文化・空間

民族の文化としての小地名　千葉徳爾／ルネサンス時代の民衆と学問　阿部謹也／三味線音楽の受容と江戸っ子　大久間喜一郎／世界の吟遊詩人たち　江波戸昭／現代文明のなかでの演劇の位置　鈴木忠志／負の空間のボディー・イメージ　栗本慎一郎／文学における建築的空間　原広司／生きられる空間　市川浩

Ⅳ 遺書・冒険

森鷗外の遺書　長谷川泉／ヘミングウェイ・その生と死　石一郎／モーツアルトの『レクイエム』　海老沢敏／極楽浄土へのいざない　圭室文雄／考古学への挑戦　大塚初重／植村直己と世界の冒険家たち　大塚博美／ポンパドゥール侯爵夫人の華麗な冒険　飯塚信雄／少年倶楽部の夢とロマン　尾崎秀樹

Ⅴ 笑い

ことばの文化、笑いの文化　興津要／ドイツ中世の笑い　藤代幸一／フランス笑劇の笑いの構造　重信常喜／道化―秩序へのアンチテーゼ　岡崎康一

Ⅵ 妖怪

泉鏡花の幽界美　村松定孝／怪異の出現―歌舞伎の場合―　原道生／妖怪の図像学―西洋美術にみる軌跡―　森洋子／中国の妖怪　駒田信二

Ⅶ 修羅

修羅の原像と系譜―インドから日本へ　松濤誠達／日本芸能における修羅残像　上原輝男／菩薩と修羅―宮沢賢治の二面性　マロリ・フロム／人間・この修羅なるもの　高史明

Ⅷ 悪

近代の悪と文学　安藤元雄／日本中世における「悪」の諸相　網野善彦／アメリカ演劇における悪　黒川欣映／悪の哲学は可能か　中村雄二郎

Ⅸ 異国

日本古代文学における異界　永藤靖／国際化と日本人　守屋徹／万里の長城の内と外―中国と異域―　堀敏一／心の中の異国―森鷗外の「舞姫」における〝かぶれ〟について―　中村希明

Ⅹ 曖昧

ファジィ理論とあいまいさの効用　向殿政男／日米経済摩擦の歴史心理―相互イメージのあいまいさをめぐって―　油井大三郎／能と都市の気分の読み方　土屋恵一郎／言葉と普遍性―日本語と英語との間―　マーク・ピーターセン

ⅩⅠ 日本にとっての朝鮮文化

日朝比較文化論　崔吉城／私の日本語と在日の文学　金時鐘／仏教絵画と絵解き　林雅彦／考古学から見た古代日朝関係　大塚初重

ⅩⅡ 文化交流―日本と朝鮮

日韓文化の同質性と異質性―生活文化と造型文化から―　金両基／立原正秋が生きた時代　高井有一／文禄の役から四〇〇年　李進熙／一八世紀の東アジア　寺内威太郎

ⅩⅢ 沖縄《ウチナー》から見た日本《ヤマトウ》

沖縄のくらしの文化　一泉知永／沖縄女性にとっての〝近代〟　堀場清子／琉球音楽の魅力を探る　赤羽由規子／伊波普猷と柳田国男　村井紀

ⅩⅣ 文化における「異」と「同」

旧植民地を訪ねて―満州と台湾の少数民族―　中生勝美／異質なるものとの出合い―漱石の英国・ハーンの日本―　池田雅之／アメリカ黒人文学の原点を求めて　関口功／漂泊から定住へ―柳田国男の前期思想をめぐって―　赤坂憲雄

ⅩⅤ 越境する感性

「出家」後の問題―悟りと超能力―　三浦清宏／スペイン語圏における日本文学の受容―ヒューマニズムへの共感―　オエスト・ロベルト／『夕鶴』からの問いかけ　菅井幸雄／外から見た日本的感性―俳句からhaikuへ―　マーク・ピーターセン

ⅩⅥ 神話と現代

神話の生成　神話の森―宮古島・狩俣の祭祀から―　居駒永幸／浄土教の文化と巫俗―「二河白道」を中心に―　日向一雅／北欧神話・世界没落論の意味するもの　尾崎和彦／神話から哲学へ―ギリシア的世界観の現代的意義　角田幸彦

ⅩⅦ 歴史のなかの民衆文化

日本における庶民信仰―とげぬき地蔵信仰　圭室文雄／中国における近代教育文化の始まり　高田幸男／シェイクスピア時代の酒場の世界　佐藤清隆／コスモポリタンなイスラーム都市イスタンブルの祝祭（一六・一七世紀）　永田雄三

XVIII 『生と死』の図像学

宗教改革前夜の死のイメージ―スイスを中心にして　森田安一／「最後の晩餐」―ローテンブルクの《聖血祭壇》をめぐって　薩摩雅登／歌舞伎の死絵について―追善の芸能化　原道生／幼き亡者たちの世界―〈賽の河原〉の図像をめぐって　渡浩一

XIX 『身体・スポーツ』へのまなざし

「マルチチャンネル・マルチメディア化」とスポーツ争奪戦―どこへ行く、ユニバーサルアクセス権　森川貞夫／柔道の絞め技による「落ち」（意識消失）と「活法」の生理機構　手塚政孝／異文化としてのスポーツ　中村敏雄／スポーツの普遍性と国際性―二一世紀のスポーツを展望して―　寺島善一

XX 江戸文化の明暗

もののあわれとエロティシズム　百川敬仁／劇場と遊里……「悪場所」とは何か　小谷野敦／近世天皇家の文化戦略と『源氏物語』　三田村雅子／江戸の音楽における間テクスト性　徳丸吉彦

XXI パリ・その周縁

内と外のあいだ　堀江敏幸／町の顔―ウィーン子の見たパリ　スザンネ・西村シェアマン／ナショナリズムとリージョナリズム〝国歌〟とラップとフットボールを巡って　陣野俊史／パリ、〝揺蕩《たゆた》えども沈まず〟　高田勇

XXII 異文化体験としての大都市―ロンドンそして東京―

演劇都市ロンドンを散歩―異文化と伝統　佐藤正紀／東京異文化暮らし―私が学んだこと　リサ・ヴォート／夏目漱石―ロンドン異文化体験　松下浩幸／東京そして上海　張競

XXIII 言語的な、余りに言語的な―現代社会とことば―

ことばが紡ぎ出す準体験の世界―文学と言語―　佐藤嗣男／マスメディアと言語―ジェンダーの視点から―　牛尾奈緒美／現代日本語にみるジェンダーの様相　髙崎みどり／遠くて近きは言葉とスポーツ　山口政信

XXIV 巡礼―その世界―

巡礼の諸相　金山秋男／キプロス島「世界遺産」ビザンツ教会堂群を巡る　馬場恵二／イスラーム世界の巡礼　坂本勉／日本の巡礼　林雅彦

XXV 「生と死」の東西文化論

万葉集・挽歌から仏教儀礼へ　永藤靖／つくりあげられた「伝統」と「精神世界」―米国先住民族を事例に　石山徳子／イスラーム思想における生と死　飯塚正人／ギリシア古代の「墓の文化」　古山夕城

XXVI 人はなぜ旅に出るのか

いのちへの旅　金山秋男／旅はシロ、旅は石垣　原田大二郎／内面への旅―遍歴する精神　立野正裕／終わりなき旅を生きること―チャトウィンとル・クレジオ―　管啓次郎

XXVII 声なきことば・文字なきことば

「無言館」のこと　窪島誠一郎／声なきことば：テレパシー研究の真相　石川幹人／旧石器時代人と無文字の世界　安蒜政雄／中世人の声をめぐって　酒井紀美

XXVIII 「映画」の歓び

成瀬巳喜男の『乱れ雲』　スザンネ・シェアマン／おたく文化と図像　森川嘉一郎／映画と社会のつなぎ方　土屋豊／サイレントからトーキーへ―アメリカ映画の音をめぐる冒険　斎藤英治

XXIX マンガ・アニメ・ゲーム・フィギュアの博物館学

マンガ・アニメ・ゲーム・フィギュアの博物館計画　森川嘉一郎／同人誌とコミックマーケットの成り立ち　安田かほる・市川孝一／ガレージキットとワンダーフェスティバルの成り立ち　宮脇修一／マンガの国際・学際的状況　藤本由香里／ディスカッション　森川嘉一郎・藤本由香里・宮脇修一・安田かほる・市川孝一・筆谷芳行

XXX 沖縄と「戦世《いくさゆ》」の記憶

骨からの戦世（いくさゆ）（インタヴュー）　比嘉豊光　聞き手 合田正人／付記（パレルガ）―終わりと始まりの湾狭（フィヨルド）にて　合田正人／目取真俊と戦争の記憶　越川芳明／沖縄戦の写真、以前と以後　倉石信乃／ハンセン病回復者の語る戦世―『沖縄ハンセン病証言集』を手掛かりに　浜口稔

XXXI 孤立と社会

「ドイツ文学の世界」から―トーマス・マンの初期短編小説を巡って―　櫻井泰／放送メディアの立場から―放送が牙を剥くとき―　長谷川澄男／アジア経済の視点から　河合正弘／地域医療の現場から　上西紀夫

XXXII 書物としての宇宙

「ブックウエアの仮説」―コンテクストの中のテクスト　松岡正剛／「コレクション」―蒐められた本の宇宙　鹿島茂／「祝祭の書物・書物の祝祭」―平田篤胤、折口信夫とポーとマラルメ　安藤礼二